KB190345

미타신앙·미타기도법

미타신앙·미타기도법

초 판   1쇄 펴낸날 2001년 7월 24일 (9쇄 인쇄)
개정판   1쇄 펴낸날 2017년 8월 10일 (전면개정판)
        2쇄 펴낸날 2018년 12월 14일

지은이 김현준
펴낸이 김연지
펴낸곳 효림출판사

등록일 1992년 1월 13일 (제2-1305호)
주 소 서울시 서초구 반포대로14길 30, 907호 (서초동, 센츄리 I)
전 화 (02) 582~6612 · 587~6612
팩 스 (02) 586~9078
이메일 hyorim@nate.com

값 5,000원

ⓒ 효림출판사. 2017
ISBN 979-11-87508-08-3   03220

잘못 만들어진 책은 바꾸어 드립니다.
이 책은 저작권법에 따라 보호를 받는 저작물이므로 무단전재와 무단복제를 금지합니다.

※표지사진 : 성보문화재연구원 제공(홍천 수타사 지장탱화)

미타신앙·미타기도법

김 현 준 지음

❀효림

서 문

　1,600년 한국불교신앙사에 있어 가장 굵고 깊은 맥을 형성하였던 미타신앙彌陀信仰! 미타신앙의 중심에 계신 '아미타불'은 이 땅에 불교가 전래된 이래 남녀노소 귀천고하貴賤高下를 가릴 것 없이 모든 사람들이 귀의하고 염하였던 부처님이었습니다.

　사찰에서는 극락전을 세우고 염불당念佛堂을 만들어 미타신앙을 고취하였으며, 마을 어귀에는 '나무아미타불' 여섯 글자를 새긴 돌기둥을 세웠고, 불자들은 밤낮없이 '나무아미타불'을 외우며 이상향의 세계인 극락정토極樂淨土를 그렸습니다.

　하지만 최근에 이르러서는 현세이익적인 신앙조류들에 밀려, 단연 제일의 위치를 차지하고 있던 미타신앙이 연세 많은 분이나 임종을 앞둔 분의 믿음으로, 심지어는 영가를 천도할 때만 신봉하는 지경에까지 이르고 말았습니다.

이를 안타깝게 여긴 저는 불교신행연구원에서 발행하는 월간 「법공양」에 지난 2000년 7월부터 12월까지 6회에 걸쳐 미타신앙의 기본적인 사항들과 함께 미타기도법·수행법 등에 관한 글을 연재하였고, 이를 단행본으로 엮어 배포하였습니다. 다행히 불자들의 반응은 환희로웠고, 미타기도를 통하여 가피를 입었다는 소식들이 끊이지를 않았습니다.

이제 초판 『미타신앙·마타기도법』을 발간한지도 16년이나 되었기에, 전체의 글을 새롭게 다듬음과 동시에 몇 가지 사항을 더 추가하고, 글씨 크기와 판형을 바꾸어 개정판을 내게 되었습니다.

이 책의 간행으로 인한 공덕 모두는 부모님을 비롯하여 연을 함께하는 유주무주영가有主無主靈駕들 모두가 극락세계의 구품연화대에 왕생하여 '아미타불의 영원한 생명력과 무한한 빛 속에서 위없는 깨달음을 이루어 부처님되오심'에 회향하옵니다.

　부디 이 책을 읽고 닦아서 '나'의 삶을 극락으로 만들고, 모든 중생을 극락으로 인도하는 아미타불의 무한한 자비광명 속으로 들어가게 되기를 두손 모아 축원드립니다.

불기 2561년 7월 미타재일에

金 鉉 埈 분향

차례

제1장
아미타불과 극락정토

I
극락을 여는 미타신앙

현세와 내생을 모두 극락으로

대부분의 사람들은 '미타신앙'이라고 하면 죽은 다음의 내생來生을 떠올립니다. 죽은 다음 서방극락세계에 태어나기 위해 찾아야 하는 분이 아미타불이요, 그렇기 때문에 늙으막에나 '나무아미타불'을 염원하면 족하리라 생각합니다.

그러나 아미타불은 내세만을 위한 부처님이 아니요, 극락은 서방에만 존재하는 것이 아닙니다. 이는 '아미타불'이라는 명칭을 통해서도 능히 알 수 있습니다.

아미타불阿彌陀佛의 '아미타'를 범어로 표기하게 되면 아미타유스Amitayus · 아미타바Amitabha의 두 가지로 쓰

여집니다. 이중 아미타유스는 무량한 수명을 뜻하는 '무량수無量壽'로 번역되고, 아미타바는 무량한 빛을 뜻하는 '무량광無量光'으로 번역됩니다.

이 '무량수・무량광'은 아미타부처님께만 있는 것이 아닙니다. 나에게도 있습니다. '나' 속에 감추어져 있는 영원한 생명력이 무량수요, '나' 스스로가 능히 발현시킬 수 있는 밝고 맑은 작용이 무량광입니다.

실로 아미타불은 무량한 빛 그 자체의 부처님[無量光佛]이요, 무량한 수명 그 자체의 부처님[無量壽佛]입니다. 일찍이 나를 떠나지 않았던 그 빛, 영원히 우리와 함께하는 불멸의 생명력을 간직한 분이 아미타부처님인 것입니다.

그러한 아미타부처님께서는 아주 오래 전에 지극한 원願을 발하였고, 지혜로운 수행 끝에 뭇 생명 있는 자의 고통을 영원히 쉬게 하기 위해 끝없는 행복의 세계를 이루어 놓았습니다. 그 세계가 바로 고뇌하는 중생의 영원한 피안인 극락極樂입니다.

극락! 그곳에는 우리의 생각을 뛰어넘은 빛이 있고, 생명이 있고, 행복이 있고, 자유가 있고 해탈이 있습니다. 아미타부처님의 끝없는 설법이 펼쳐지고 있는 그곳에 태어나는 자는 모두가 성불成佛을 보장받게 되어 있습니다. 극락은 그토록 좋은 곳입니다.

그럼 아미타불께서 이룩하신 그 극락은 죽은 이라야만 갈 수 있는 곳인가? 아닙니다. 극락은 다음 생인 내생에만 있는 것이 아닙니다. 우리가 지금 이 자리에서 아미타불을 염하며 영원한 생명력을 찾고 다함없는 빛으로 살아가면, 이 고통의 사바세계 그대로가 극락정토로 바뀌기 시작합니다.

미타신앙은 내생의 극락왕생만을 위한 믿음이 결코 아닙니다. 현세에서도 행복하게 살고, 내생에서도 지극한 행복[極樂]을 만끽하며 살도록 하기 위한 가르침이 미타신앙입니다.

❀

중국 원나라 때 서호지방에 살았던 도씨都氏 집안의 십육랑十六娘은 26세의 젊은 나이로 남편과 사별死別을 하였습니다. 아이마저 없었던 그녀는 한동안 실의에 빠져 멍하니 살다가, 부근 사찰에 계신 스님의 권고로 『아미타경』을 읽기 시작했습니다. 혼자만의 삶이 가져다주는 외로움·두려움·슬픔 등을 아미타부처님께 모두 바치고 의지하고자 하였던 것입니다.

그녀는 아침저녁으로 『아미타경』을 한 번씩 읽었습니다. 그리고 틈나는대로 '나무아미타불'을 염하며 지냈습니다. 그렇게 하기를 1년 가량이 된 어느 날, 흰 옷을 입은 노인이 흰 연꽃 한 송이를 들고 꿈에 나타나 말했습니다.

"너에게 먹이기 위해 이 꽃을 가지고 왔다. 어서 먹으려무나."

십육랑은 공손히 꽃을 받아 먹고 꿈에서 깨어났습니다. 그런데 이상하게도 몸이 가뿐하고 마음이 즐겁기 짝이 없었습니다. 홀로 된 이후 언제나 자기를 짓누르고 있던 외로움·두려움·슬픔 등도 말끔히 사라졌습니다.

이렇게 아미타불의 가피를 입은 십육랑은 자기의 방에 아미타불상을 모신 다음 더욱 열심히 『아미타경』을 읽고 '나무아미타불'을 염하였습니다. 그런데 만 3년이 되는 날, 방안에 모셔놓은 아미타불상이 방광放光을 하더니, 경상 위의 『아미타경』에 불덩어리 같은 것이 놓여 있었습니다.

십육랑은 경이 타는 줄 알고 황급히 불을 끄려 하였으나 꺼지지 않았습니다. 정신을 차리고 보니 그것은 사리舍利였습니다.

그날 이후부터 십육랑에게는 세상이 그렇게 아름답게 보일 수가 없었습니다. 그냥 기쁘고 즐겁고 평안했습니다. 그녀는 항상 부드러운 미소와 따스한 마음으로 사람들에게 아미타불을 염할 것을 권하며 한평생을 행복하게 살다가, 죽을 때가 되었을 때 주위 사람들을 불러 말했습니다.

"나는 이제 극락세계의 아미타부처님께로 갑니다. 부디 염불을 잘하여 극락세계의 연화대蓮華臺에서 다시 만나도록 합시다."

그리고는 단정히 앉은 채 숨을 거두었습니다.

이 십육랑의 경우처럼 한평생을 아미타불의 자비광명 속에서 평온하고 행복 속에 살다가, 수명이 다한 다음에 극락왕생하였다는 이야기는 너무나 많습니다. 또 현실적인 고난과 불행을 '아미타불' 염불을 통하여 극복하고, 행복과 성공, 소원성취를 하였다는 영험담도 매우 흔합니다.

1970년 때의 일입니다. 부산에 사는 거사님 한 분은 공장을 경영하다가 실패하여 전재산을 모두 날리고 가족

마저 뿔뿔이 흩어져 살아야만 했습니다. 잘 살다가 갑자기 닥친 불행에 가족 모두는 물질만이 아니라 정신적으로도 큰 불안을 느끼며 지내야 했습니다. 특히 가장인 거사님의 고통은 말할 수 없었습니다.

어느 날 거사님은 통도사 극락암의 경봉스님을 찾아가서 자초지종을 말한 다음 울먹였습니다.

"스님, 지금 심정 같아서는 그냥 죽고만 싶을 뿐입니다. 도무지 어떻게 해야할지….”

"처사, 보게. 낙엽이 땅에 떨어져 있으면 사람도 밟고 개도 밟는다. 떨어진 낙엽은 아무런 가치가 없어보인다. 그렇지만 그 낙엽도 비바람을 타고 벽공을 활기롭게 날 때가 있다. 낙엽도 벽공을 풀풀 나는데, 만물 중에 가장 슬기로운 사람이 좀 실패했다고 하여 근심에 잠겨 있어서야 되겠는가! 다시 정신을 가다듬고 힘을 내어야지.”

"스님, 저는 어떻게 해야 합니까? 어떻게 하여야 다시 일어설 수 있습니까?”

"오늘부터 백일 동안 아미타불을 외우게. 죽기살기로 밤낮없이 외우면 틀림없이 다시 살아날 수가 있을 것일세.”

스님은 간략히 염불하는 방법을 일러주셨고, 거사님

은 그날부터 열심히 '나무아미타불'을 외웠습니다. '나무아미타불'을 생명줄로 알고 밤낮없이 외웠습니다. 그렇게 약 50일이 지나자 밥을 먹을 때도, 사람들과 대화를 나눌 때도 '나무아미타불'을 부를 수 있게 되었고, 잠을 잘 때도 꿈결같이 '나무아미타불'을 외우고 있는 것이었습니다.

80일 정도 되자 채권단이 빚을 받지 않겠다고 하였고, 백일기도가 끝나자 은행과 주위 사람들의 도움으로 다시 사업을 하게 되었습니다. 그런데 손을 대는 사업마다 불꽃이 타오르듯 크게 일어나, 채 3년도 되지 않아 부산에서 몇번째 가라면 서러워할 만큼 대단한 재력가가 되었습니다.

ॐ

부디 명심하십시오. 미타신앙은 현세와 내세의 행복을 함께 보장해주는 신앙입니다. 어찌 우리의 짧은 소견으로 마음대로 생각하여 아미타불의 무량한 가피를 팽개치고 살 것입니까? 현생과 내생 모두 극락 속의 삶을 영위하고자 한다면 깊이 아미타불을 믿고, 아미타불의 무량한 생명력과 무량한 빛을 '나'의 것으로 만들어야 합니다.

더욱이 그 어떤 신앙보다 미타신앙이 수승하다는 것을 역대의 큰스님들께서는 한결같이 천명하였고, 관세음보살·문수보살·보현보살·지장보살 등의 대보살님들까지도 화현하여 '아미타불'을 염할 것을 권하셨습니다.

❀

중국 당나라의 혜일慧日(680~748) 스님은 불법을 공부하기 위해 바다를 건너서 천축국(인도)으로 갔습니다. 스님은 천축국의 여러 고승들을 찾아다니며 물었습니다.

"가장 빨리 불법을 이루고자 하면 어떠한 공부를 해야 합니까?"

"빠르고 흔들림없이 불법을 이룰 수 있게 하는 데는 미타정토신앙이 으뜸이오."

천축국의 고승들은 한결같이 미타신앙을 찬양하였습니다. 그러나 혜일스님은 미타신앙에 큰 관심을 두지 않고, 계속 천축의 여러 나라를 다니며 새로운 불법을 배우고자 했습니다.

마침내 건타라국健馱羅國에 이른 스님은 도성의 동북쪽에 있는 큰 산속에 관세음보살상이 있다는 말을 듣고 그곳으로 가서, 죽기를 각오하고 7일 동안의 단식기도를 시작했습니다. 먹지 않아 기운은 갈수록 빠졌지만, 관세음보살님께 한배 한배 정성껏 절을 하면서 불법을 이룰 수 있는 지름길을 일러주실 것을 청했습니다.

7일째 되던 날, 마침내 관세음보살께서 자금색의 몸[紫金身]을 나타내어 보련화寶蓮華 위에 앉더니, 손을 늘어뜨려 혜일스님의 이마를 어루만지며 말씀하셨습니다.

"자리이타自利利他·자각각타自覺覺他의 불법을 이루고자 하거든, 서방극락세계의 아미타불을 염하도록 하여라. 미타정토법문은 그 어떤 방편보다 뛰어나니라."

말씀을 마친 관세음보살은 홀연히 사라졌고, 혜일스님은 고국으로 돌아와 아미타신앙을 널리 퍼뜨렸습니다.

ॐ

인도의 여러 고승들이 한결같이 미타신앙을 권하였을 때 혜일스님은 미타신앙에 관심을 갖지 않고 오히려 관세음보살을 신봉하였습니다. 그런데 기도 끝에 시현하신 관세음보살께서는 미타신앙이야말로 가장 뛰어난 방편이라고 일러주셨습니다. '관음' 당신을 더 믿도록 한 것이 아니라 아미타불을 믿도록 한 것입니다.

나아가 관세음보살께서는 나도 살리고 남도 살리고 나도 이롭게 하고 남도 이롭게 하는 자리이타自利利他의 길을 걷고, 나도 깨닫고 남도 깨닫게 하는 자각각타自覺覺他의 도를 이루려거든 '아미타불을 염하라'고 하셨습니다.

우리는 이제 더 이상 미타신앙에 대해 의심할 까닭이 없습니다. 틀림없이 미타신앙은 현세와 내생의 행복을 함께 보장합니다. 그 어떤 신앙보다도 빛과 행복과 자유를 크게 가져다주는 값진 신앙이 미타신앙입니다.

주저없이 아미타부처님의 세계로 들어서십시오. 분명, 아미타불의 빛은 나의 빛이 되고, 지금 이 자리에서 극락을 '나'의 것으로 만들어갈 수 있습니다.

미타신앙의 태동

그럼 이 사바세계에서 아미타부처님께 귀의하여 극락의 삶을 이루는 미타신앙은 어느 때 태동한 것일까?

『관무량수경觀無量壽經』에는 미타신앙의 태동을 알리는 감명 깊은 한 편의 이야기가 기록되어 있습니다. 이야기가 다소 길기 때문에 두 단락으로 나누어 살펴보고자 합니다.

❁

석가모니부처님께서 열반에 들 시기가 멀지 않았을 무렵의 일입니다.

마갈타국의 아자타 태자는 데바닷다의 간교한 꾀임에 빠져 부왕인 빈바사라왕을 몰아내고 왕위를 찬탈하였습니다. 뿐만 아니라 부왕을 옥에 가두고 굶겨 죽이기 위해 외부인의 출입은 물론이요 음식조차 주지 못하게 하였습니다.

어느 날, 아자타는 부왕이 갇혀 있는 감옥의 수문장을 불러 물었습니다.

"부왕은 죽었느냐?"

"아니요. 아직 살아 계십니다."

"목숨이 그렇게도 모질다니 감옥에 가둔지가 한 달이 다 되어가거늘, 어떻게 죽지 않고 살아 있는 것이냐?"

"황공하오나 그럴 수밖에 없습니다. 태후이신 바이데히 부인께서 찹쌀가루를 벌꿀로 버무려 몸에 바르고 감옥으로 들어가서, 찹쌀가루를 벗겨 빈바사라왕께 먹이며 주림을 해결해주고 있기 때문입니다."

이 사실에 분노한 아자타는 단칼에 어머니를 베어버

리려 하였으나, 중신들의 간곡한 만류로 별궁에 감금하고 바깥출입을 못하도록 감시하였습니다.

바이데히 부인은 분함과 억울함을 참으며, 슬픔과 탄식 속에서 부처님이 계신 영축산을 향해 절을 올리고 혼잣말로 부르짖었습니다.

"부처님이시여, 저는 지금 참을 수 없는 근심과 슬픔에 잠겨 있습니다. 그러므로 부처님을 뵈옵고자 하는 생각이 더욱 간절합니다. 하오나 아들에게 감금당하여 갈 수 없는 신세가 되었으니 안타깝고 견딜 수가 없습니다. 부처님, 저는 어떻게 해야만 합니까?"

빗방울 같은 눈물을 흘리며 절을 드리고 있을 때, 부처님께서는 신통으로 부인 앞에 모습을 나타내었고, 크게 감격한 부인은 흐느껴 울며 가르침을 청했습니다.

"부처님이시여, 저는 무슨 죄보로 아자타와 같은 불효악자惡子를 낳게 되었나이까? 저는 이 천박하고 악독한 세상이 싫어졌습니다. 이 세상은 지옥·아귀·축생이 꽉 차 있는 좋지 못한 곳입니다. 저는 더 이상 악한 소리를 듣거나 악한 사람들을 대하며 살고 싶지 않습니다. 청컨대 부처님이시여, 저에게 깨끗한 세계를 보여주시옵소서."

여기까지는 미타신앙이라는 하나의 집을 짓기 위한 터닦기 작업이라고 볼 수 있습니다.

고해苦海의 파도를 타고 출렁이는 중생은 누구나 지극한 행복을 원합니다. 참지 않고서는 살아갈 수 없는 세계, 잡된 것으로 얽히고 설켜 있는 이 사바세계에 몸을 담고 있는 중생이라면 누구나 행복이 가득한 이상향을 추구하고자 하는 바람이 있습니다.

그러나 바람이 바람으로만 끝나서는 이루어지는 것이 없습니다. '나'에게 닥쳐오는 무상無常을 통하여 무상을 넘어서고자 하는 발심發心을 할 수 있어야 합니다.

그렇다면 발심이 무엇인가? 발심은 발무상보리심發無上菩提心의 줄인 말입니다. 가장 높고 거룩한 깨달음과 행복[無上菩提_{무상보리}]을 이루고야 말겠다는 결심을 확고히 하는 것이 발심입니다.

그럼 어떻게 할 때 확고한 발심이 이루어지는가? 무엇보다 먼저 우리의 삶이 어떠한가를 정확히 직시할 줄 알아야 합니다. 현재의 삶이 어떠하다는 것을 확실히 느낄 때, 어떠한 경우에도 동요되지 않는 무상보리심無上菩提心을 발할 수 있게 됩니다.

그런데 대부분의 중생들은 어떻습니까? 우리 중생들은 스스로가 만들어낸 번뇌의 굴레를 벗어나지 못하여 세세생생世世生生토록 선악과 인과에 휘말리고 생사의 세계를 윤회하며 살고 있습니다. 나서는 늙고, 늙어서는 병들고, 필경에는 한량없는 고통을 받다가 죽기를 거듭하는 무상無常의 삶을 반복하고 있습니다. 무상 속에서 한없는 고통을 겪으면서도 벗어나고자 하지 않는 허망의 존재가 바로 중생인 것입니다.

하지만 일순간에 눈을 떠서 인생이 무상하다는 것을 정확히 보게 되면 참다운 발심이 이루어집니다. 정녕 인생이 무상하고 허망하다는 것을 분명히 알았다면, 어찌 해탈을 구하지 않을 것이며 무상보리심을 발하지 않겠습니까?

무상無常을 넘어서고자 하는 마음을 발하게 되면 자연스럽게 무상보리심無上菩提心을 일으킬 수 있게 되고, 행복만이 가득한 정토를 찾고자 하는 마음이 확고해지는 것입니다.

바이데히 부인 또한 마찬가지였습니다. 그녀는 풍요와 행복의 상징인 왕비였습니다. 그러나 바꿀 수 없는 인과의 수레바퀴 속에서 피붙이의 손에 말할 수 없는 수

모와 목숨까지 걸어야 하는 비운의 여인이 되어야 했고, 급기야는 이 세상의 추악함에 강한 거부감을 갖게 됩니다.

"저는 이 천박하고 악독한 세상이 싫습니다. 더 이상 악한 소리를 듣거나 악한 사람을 대하며 살고 싶지 않습니다."

이렇게 무상을 절감한 바이데히 부인은 부처님께 간절히 청합니다.

"저에게 깨끗한 세계[淨土]를 보여주소서."

바로 이것이 발심이요 정토의 문을 여는 시작이며, 참된 불교공부를 할 수 있는 계기입니다.

이 땅의 우리 불자들도 바이데히 부인의 이와같은 태도를 배워야합니다. 무상한 일, 어렵고 힘든 경우에 처했을 때 그냥 휩쓸려 살지 말고, 더욱더욱 마음을 다잡아 행복의 원願, 해탈의 원을 발하여야 합니다.

바이데히 부인이 행하였듯이, 부처님을 찾고 기도하면서 새롭게 태어나고자 해야 합니다. 그 원이 우리를 정토로 이끌고 광명의 세계로 이끌기 때문입니다.

이제 다시 『관무량수경』의 이야기 속으로 돌아갑시다.

'깨끗한 세계[淨土]를 보여주십사'하는 바이데히 부인의 간청에, 석가모니부처님께서는 미간의 백호白毫에서 광명을 뿜어내었습니다. 그러자 시방세계의 불국정토가 남김없이 눈앞에 펼쳐졌습니다.

어떤 정토는 칠보七寶로 이루어졌고, 어떤 정토는 연화처럼 아름답고, 어떤 정토는 수정구슬처럼 빛났습니다. 바이데히 부인은 감동 속에서 모든 정토를 다 보아 마치고 부처님께 말했습니다.

"부처님이시여, 모든 불국세계는 어느 곳 하나 맑은 광명으로 충만되어 있지 않은 곳이 없습니다. 그러나 그 중에서 저는 극락세계가 가장 좋습니다. 저는 아미타부처님께서 계신 곳에 가서 나고 싶습니다. 부디 저에게 극락세계에 갈 수 있는 방법을 일러주옵소서."

그때 부처님께서 미소를 지으시며 5색 광명의 서기를 날려 감옥에 갇힌 빈바사라왕의 이마를 비추었습니다. 이에 마음의 눈이 열린 왕은 멀리 계신 부처님을 우러러보며 공경히 예배를 드렸고, 그 순간 왕은 미혹의 번뇌가 끊어지면서 깨달음을 성취하였습니다.

부처님께서는 다시 바이데히 부인에게 말했습니다.

"부인이여, 아미타불은 여기에서 멀지 않은 곳에 계십니다. 부인은 극락세계의 아미타불을 밤낮없이 염송(念)하십시오. 그리고 극락에 태어나기를 원하거든 세 가지 복업福業을 닦아야 합니다. 무엇이 세 가지 복업인가?

첫째는 부모님께 효도하고 스승을 공경하며, 깊은 자비심을 길러 살생·도둑질·간음·거짓말·꾸미는 말·이간질·욕설을 하지 않고, 탐심貪心과 진심瞋心과 치심癡心을 내지 않는 것입니다.

둘째는 불법승佛法僧 삼보에 귀의하여 계행을 잘 지키고 행동을 점잖게 하는 것입니다.

셋째는 인과因果의 이치를 깊이 믿고 경전을 읽으면서 사람들에게 도를 닦을 것을 권하는 것입니다.

부인이여, 이 세 가지가 저 극락세계에 태어날 수 있게 하는 맑은 업입니다."

석가모니부처님께서 말씀을 마치자, 관세음보살과 대세지보살을 좌우에 거느린 아미타불께서 모습을 나타내어 석가모니부처님의 말씀이 옳음을 증명했습니다. 바이데히 부인을 비롯한 대중들은 크게 환희하여, 이 법을 다른 사람들에게 널리 전하였습니다.

ɣ

앞에서 무상한 이 세계를 벗어나고자 발심하여 정토에 태어날 터를 닦은 바이데히 부인은 이제 극락왕생의 주춧돌을 놓고 집을 짓기 시작했습니다.

석가모니부처님의 자비 아래 '극락정토'를 선택한 것이 주춧돌이라면, 밤낮없이 아미타불을 염송하는 것이 집을 짓는 일입니다.

그리고 세 가지 복업을 닦는 것은 골격이 형성된 집을 더욱 멋있고 아름답게 단장하는 것입니다. 세 가지 복업을 간략히 정리하면,

① 자비심을 가지고 십선十善을 닦을 것,

② 삼보에 귀의하고 계행을 지킬 것,

③ 인과를 믿고 경전을 읽으며 사람들에게 도 닦을 것을 권할 것.

등입니다. 다시 한번 전체를 종합해봅시다.

우리가 극락이 있고 아미타불이 계심을 확고히 믿을 때 극락왕생의 주춧돌이 놓이게 되고, 아미타불을 생각하면서 그 명호를 부지런히 외우면 지극히 행복한 극락의 집이 저절로 지어지는 것입니다. 아울러 세 가지 복업을 닦으면 내가 살 극락의 집이 더욱 멋있고 훌륭하게 장엄되는 것됩니다.

누가 이 일을 어렵다고만 할 수 있겠습니까? 오히려 중심없이 이것저것을 찾아 헤매게 되면 허송세월에 지치고 자포자기하게 되지만, 중심을 잡고 신행생활을 하게 되면 큰 행복과 큰 혜택을 반드시 얻을 수 있게 됩니다.

능력껏 성의껏 실천해보십시오. 틀림없이 아미타부처님의 무량한 수명과 무량한 광명을 얻어 현세에서나 내세에서나 지극히 행복한 삶을 영위할 수 있게 될 것이니….

나무아미타불.

Ⅱ
아미타불의 본원本願

법장보살의 발심과 성불

현세에서도 내세에서도 지극한 행복을 보장하는 아미타부처님은 무량수無量壽요 무량광無量光의 부처님입니다. 무한한 생명력에 한량없는 광명을 지닌 부처님입니다. 그렇다면 무한한 생명력과 한량없는 광명은 아미타부처님만 가지고 계신 것인가? 아닙니다.

무량수와 무량광은 깨어있는 우리의 일심一心! 그 일심의 또 다른 이름입니다. 영특하거나 평범하거나 간악하거나를 가릴 것 없이, 모든 중생의 깊은 곳에 감추어져 있는 모습 이전의 참모습이 무량수요 무량광인 것입니다.

그 무량한 생명력과 광명은 나와 중생이 모두 부처를 이루겠다는 자타일시성불도自他一時成佛道의 원을 세우고, 그 원의 성취를 향해 꾸준히 나아가다 보면 저절로 발현됩니다.

실제로 불교의 역사를 통하여 볼 때 이 무량한 빛과 무한한 생명력을 발현시킨 분은 너무나 많았습니다. 특히 과거 53불 중 마지막 부처님인 세자재왕불世自在王佛의 법문을 듣고 감동하여, 한 나라의 부귀와 임금의 지위를 버리고 도를 닦은 법장보살法藏菩薩은 그 대표적인 분입니다.

먼저 『무량수경無量壽經』의 법장보살 이야기를 일부 요약하여 살펴보고, 그 속에 담긴 의미를 함께 음미해보도록 합시다.

✿

부처님께서 왕사성王舍城의 기사굴산에 계실 때입니다. 그날, 부처님의 얼굴이 다른 어떤 때보다 유난히 밝고 빛나시더니, 제자들을 향해 아미타불의 전생에 대한 다음과 같은 이야기를 들려주셨습니다.

"지금으로부터 아주 까마득한 옛날에 정광여래錠光如來라는 부처님께서 이 세상에 출현하여 한량없는 중생을 깨달음에 이르게 하였다. 그 다음에는 광원여래, 또 그 다음에는 월광여래, 이렇게 52부처님이 세상에 출현하여 차례로 중생을 교화하였고, 맨 나중 53번째로 세자재왕여래世自在王如來께서 출현하였느니라.

이 세자재왕여래 때 그 나라에는 거룩하기 그지없는 대왕이 있었는데, 대왕은 부처님의 법문을 듣고 크게 감동하여 한 나라의 부귀도 임금의 지위도 모두 헌신짝처럼 버리고 출가하여 법장비구法藏比丘가 되었느니라. 그는 재주가 뛰어나고 지혜가 수승한데다, 부지런함으로는 세상에서 가히 미칠 자가 없었다.

어느 날 법장비구는 세자재왕여래께서 계신 곳으로 나아가 20수의 게송으로 부처님의 공덕을 찬탄하고 스스로의 결심을 밝혔느니라."

(지면관계상 스스로의 결심과 관련된 게송 5수만 옮깁니다.)

원컨대 나 또한 부처님 되어
거룩한 공덕의 법왕들처럼
끝없는 생사를 모두 건지고
온갖 번뇌 모두 다 벗어지이다

보시를 잘 닦아 뜻을 고루고
계행을 지키며 욕됨을 참고
끝없는 앞길을 가고 또 가서
삼매와 지혜를 이루오리다

맹세코 나 또한 부처님 되어
이러한 원들을 모두 행하고
두려움 많은 중생을 위하여
의지할 자리가 되겠나이다

이 몸이 만약 부처를 이루면
그 국토는 장엄하기 으뜸이요
그 중생은 하나같이 훌륭하며
그 도량은 가장 뛰어나게 되리

정녕 이 몸이 수행하다가
한없는 고통을 당할지라도
스스로가 선택**한** 이 정진을
어찌 못견디고 후회하리까

"법장비구는 이렇게 노래를 부른 다음, 세자재왕여래께 다시 여쭈었느니라.

'부처님이시여, 제가 이제 비로소 으뜸가는 불국정토를 이루고자 하는 원을 발하였지만, 넓고 깊은 부처님의 경계를 알지 못하옵니다. 부디 여러 부처님께서 정토를 이루기 위해 닦았던 행을 자세히 말씀하여 주옵소서. 저도 또한 그대로 닦아 소원을 이루려 하오며, 여러 불국토의 훌륭한 점을 모두 갖춘 정토를 만들고자 하옵니다.'

세자재왕여래께서는 법장비구의 원이 큰 것을 짐작하시고 칭찬을 아끼지 않았느니라.

'장하다, 법장이여. 바다에 가득 찬 물이라도 억천만년을 두고두고 길어내면 말릴 수 있는 것과 같이, 정성스러운 마음으로 부지런히 정진하여 도를 구하면 그 원을 마침내 이룰 수 있느니라.'

그리고는 210억이나 되는 여러 부처님들의 불국정토의 모양을 하나도 빠뜨리지 않고 말씀하시면서 눈앞에 나타나게 하셨느니라.

그 뒤 법장비구는 깨끗한 마음으로 5겁 동안이나 생각하고 또 생각하여, 여러 불국정토의 훌륭한 점을 모두다 골라 선택한 다음, 세자재왕여래께 나아가 세운 원을 말씀드렸으니 그 원이 바로 48대원大願이니라."

ଽ

이제 이 『무량수경』의 내용을 다시 한 번 새겨봅시다.

대왕의 자리와 부귀영화를 버리고 출가한 법장비구는 그 출발을 대원大願에 두었습니다.

그는 세자재왕여래께 나아가 여래의 덕을 칭송하고 보살이 닦는 온갖 행을 닦아 중생을 제도하려는 원을 세웠고, 이 원이 이루어지기까지는 설사 지옥의 고통을 받는다 할지라도 물러나지 않겠다는 굳은 결의를 표명하였습니다.

20수의 게송으로 스스로의 발심發心을 표현한 법장보살은 '모든 중생이 행복하게 살 수 있도록 비할 바 없는 불국토佛國土를 세우고, 모든 생사의 고통을 뿌리째 뽑아버리고자'함을 밝힙니다.

그때 세자재왕여래께서는 '정성스런 마음으로 부지런히 정진하면 마침내 원을 이룰 수 있다'고 하십니다. 이 말씀은 '그대 자신이 그렇게 하면 그렇게 될 수 있음'을 증명하신 것입니다.

'네가 곧 원이요, 네가 그 원을 이룰 자'라는 것을 천명한 것입니다.

실로 그러합니다. 원을 이룰 자는 남이 아닌 '나'입니다. 남에게 미룰 일은 더욱 아닙니다. '나' 속에 감춰진 보배의 창고를 올바로 열고 활용하고 이루어낼 자는 오직 '나'뿐이라는 것과, 대원을 성취할 수 있는 비결이 '스스로 그렇게 하는 것'임을 상기시킨 것입니다.

법장보살은 이 말씀에 크게 눈을 뜨고, 모든 불국토의 아름다운 특징과 장식과 배치를 설명해 줄 것을 청하였으며, 세자재왕여래께서는 모든 부처님의 2백10억 국토를 눈 앞에 펼쳐보이면서 자상하게 말씀해 주셨습니다. 이후 법장보살은 5겁劫 동안이나 생각하고 또 생각하여 여러 부처님 정토의 훌륭한 점을 모두 다 취한 다음, 비로소 48대원을 세우게 됩니다.

48대원四十八大願! 그 원 하나하나는 한결같이 남을 위하는 자비의 이타행利他行으로 충만되어 있습니다. 그리고 그 내용은

　　① 아미타불 자신에 대한 것

　　② 극락정토에 대한 것

　　③ 극락에 왕생하려는 이에 대한 것

　　④ 극락에 태어난 이에 대한 것

으로 요약됩니다.

그후 법장비구는 크고 아름답고 소멸됨이 없는 정토를 한결같은 마음으로 장엄하였고, 그 한결같은 마음의 장엄이 보살행菩薩行의 발현으로 구체화될 때마다 법장비구의 마음은 더욱 맑고 깨끗해져 갔습니다.

물건에 집착하는 마음이나 삼독의 번뇌는 아주 없어졌고, 욕됨을 참는 힘, 풍부한 선정禪定, 있는 그대로를 꿰뚫어보는 지혜를 온전히 갖추었으며, 마음 속에 거짓이라고는 조금도 남아 있지 않았습니다.

친절로써 중생을 대하고 부지런히 사람들을 교화하며 수행을 쌓은 결과, 10겁이 다 차기도 전에 아미타불이 되었습니다. 그리고 부처를 이룬 바로 그날, 극락정토 또한 구현되었습니다.

극락을 이룬 자, 그 누구입니까? 바로 중생이었던 법장보살의 일심이었습니다. 그 일심은 중생에게 최상의 행복을 안겨주려는 극락구현의 원을 발현시켰고, 갖가지 수행은 곧 원의 힘[願力]이 되어 극락정토를 이루게 하였던 것입니다.

부디 명심하십시오. 원이 있는 곳에 힘은 뒤따릅니다. 그 원이 강하면 강할수록 그 힘도 강해집니다. 그래서 불교에서는 이 '원력'이라는 두 글자를 항상 함께 붙여 쓰고 있습니다.

원이 없으면 이루어지는 것도 없습니다. 나아가 한 사람의 지극한 원이, 그 일심의 원이 극락을 이루었음을 우리는 잊지 말아야 할 것입니다.

이제 스스로를 돌아보며 물어보십시오. 우리의 원은 무엇인가? 우리의 일심 속에 간직된 원은 무엇인가를?

비록 그 원이 자그마하고 볼품없는 것일지라도 괜찮습니다. 그 원이 정법正法의 원이라면, 그 원 속에 사무쳐 완전히 태워보십시오. 완전히 탈 때 힘은 샘솟고, 궁극은 성취 밖에 남을 것이 없습니다. 아미타불！ 아미타 부처님의 그 본원력을 생각하면서….

48대원大願

아미타불은 어떤 친화력을 지닌 부처님인가?
극락정토는 얼마나 지복至福한 곳인가?
극락에 왕생한 이가 누리는 행복은 무엇인가?

극락에 왕생할 수 있는 자, 그 누구인가?

이 모든 의문에 대한 답은 극락이 생겨나기 전, 아미타불이 되기 이전의 법장보살이 세운 48대원 속에 이미 갖추어져 있습니다. 이제 48원의 하나하나를 되짚으며 미타신앙의 세계를 살펴보도록 합시다.

1) 아미타불은 어떠한 부처님인가?

· 제12원 : 그 광명은 끝이 없어 백천억 국토를 비추고〔光明無量願〕

· 제13원 : 그 수명은 한량이 없어 백천억 겁으로도 셀 수 없으며〔壽命無量願〕

· 제17원 : 그 이름과 공덕을 칭찬하지 않는 시방세계의 부처님은 없다〔諸佛稱揚願〕

· 제33원 : 어떤 중생이라도 그 광명이 닿으면 몸과 마음이 부드럽고 깨끗하여지며〔觸光柔軟願〕

· 제34원 : 그 이름만 들어도 보살들의 무생법인無生法忍과 깊은 지혜를 얻고〔聞名得忍願〕

· 제35원 : 여인이라면 다시는 여인의 몸을 받지 않고 성불 할 수 있으며〔女人成佛願〕

· 제36원 : 항상 청정한 행을 닦아 마침내 성불하게 되

며〔常修梵行願〕

· 제37원 : 천인이나 인간의 공경을 받게 된다〔人天
至敬願〕.

　또 '아미타' 그 이름을 들은 보살이 얻는 공덕과 관련
된 원은 다음과 같습니다.

· 제41원 : 성불할 때까지 육근六根이 원만하여 불구자
가 되지 않으며〔諸根具足願〕

· 제42원 : 해탈삼매를 얻고 한량없는 부처님께 공양하
며〔住定供佛願〕

· 제43원 : 죽은 뒤 항상 존귀한 가정에 태어나며〔
生尊貴家願〕

· 제44원 : 보살행을 닦아 선근공덕을 갖추게 되며〔
具足德本願〕

· 제45원 : 한량없는 부처님을 한꺼번에 뵈올 수 있는
평등한 삼매를 얻고, 성불할 때까지 수없는
부처님을 만나게 되며〔住定具佛願〕

· 제47원 : 불퇴전의 지위를 얻게 되며〔得不退轉願〕

· 제48원 : 설법을 듣고 진리를 깨닫고 마침내는 무생
법인에 들어가 부처님의 가르침에서 물러서

지 않게 된다〔得三法忍願〕.

광명과 수명과 공덕의 상징인 아미타불. 우리 불자들은 그 이름을 통하여 깊은 지혜를 배우고 청정한 행을 배우고 위없는 깨달음을 배워야 합니다. 그 이름 속에서 스스로의 진실을 체험하는 자라면 능히 참된 불자가 될 수 있습니다.

부디 잊지 마십시오. '나'를 향한 아미타불의 자비와 광명은 한량이 없습니다. 하지만 아미타불은 우리가 단순한 불자이기를 바라지 않습니다. 우리가 보살이기를, 보살이 되기를 설득하고 있습니다. 보살이 될 때 '아미타불'의 이름 속에서 성불할 수 있고, 해탈삼매와 모든 공덕과 불퇴전의 지위와 무생법인과 모든 부처님의 친견을 보장할 수 있다는 것입니다.

혹 어떤 이는 아미타불을 '극락 가게 해주는 부처님'으로만 생각하고 있을 것입니다. 그러나 아미타불은 모든 중생이 보살이 되기를 바라고, 모든 중생이 성불하기를 바라면서 대원을 세운 분입니다. 자연 아미타불께 가까이 가는 길, 극락을 향하는 지름길은 보살이 되는 것입니다.

아미타불의 본원을 생각하는 불자라면 보살이 될 것

과 보살의 길을 걸을 것을 결심하여야 합니다. 법장보살과 같은 보살이 아니라도 좋습니다. 풍부한 자비와 뜨거운 행원行願이 갖추어지지 않은 보살이라도 좋습니다.

참되게 살기를 결심하고 스스로의 진실을 체험하며 사는 이, 자비와 정법과 뭇 생명있는 자의 행복을 마음에 새기면서 사는 이, 나와 남을 함께 살리며 사는 이, 이와 같은 이라면 보살이기에 충분합니다.

참보살이 되고자 노력해보십시오. 그때 아미타의 본원은 나의 본원이 되고, 아미타의 위신력은 나의 위신력이 됩니다. 아미타불! 아미타의 깊은 뜻은 바로 여기에 있나니….

2) 극락이란 어떤 세계일까?

아미타불이 거주하는 곳, 지금 우리가 살고 있는 곳에서 서쪽으로 십만억 국토를 지난 곳에 극락정토가 있다고 합니다. 극락이란 명칭은 그 원어인 범어로 볼 때 '즐거움이 있는 곳sukhavati'이라는 뜻을 가지고 있고, 한역하여 안양安養 또는 안락安樂으로 표현하고 있습니다.

정토삼부경淨土三部經 등에서는 이 극락의 안락하고 훌륭한 모습을 많이 기술하고 있지만, 48원 속에 묘사된 극락의 모습을 보면 보다 원초적인 면을 살필 수 있습니다.

· 제 1원 : 지옥 · 아귀 · 축생 등 삼악도三惡道의 불행
　　　　이 없고〔無三惡趣願〕
· 제14원 : 무수히 많은 성문들이 있으며〔聲聞無數願〕
· 제31원 : 한없이 밝고 깨끗하여 수없는 부처님의 세
　　　　계를 한꺼번에 비추어보되 거울로써 얼굴을
　　　　비추어 보듯하며〔國土淸淨願〕
· 제32원 : 땅 위나 허공에 있는 궁전이나 누각이나 흐
　　　　르는 냇물이나 화초나 나무나 온갖 물건이
　　　　모두 여러 가지 보배와 향으로 되어 비길 데
　　　　없이 훌륭하며, 그 물건들에서 나는 향기가
　　　　시방세계로 퍼져, 냄새를 맡은 이들 모두가
　　　　거룩한 부처님의 행을 닦게 된다〔寶香合成願〕.

정토란 정화된 국토라는 뜻이며, 그것은 국토를 정화
하여 이룬 세계입니다. 국토를 정화한다는 것은 무엇을
말하는 것인가? 그것은 국토를 형성하고 있는 모든 것,
곧 모든 중생을 청정하고 완전하게 하는 일입니다.

　　맑고 깨끗한 불국토를 원하거든
　　마땅히 그 마음을 깨끗이 하라

마음이 맑고 깨끗해짐에 따라
불국토도 맑고 깨끗해지느니라
欲淨佛土 當淨其心 욕정불토 당정기심
隨其心淨 卽佛土淨 수기심정 즉불토정

이 『유마경』 불국품佛國品의 말씀대로, '정토의 구현
은 마음의 정화'에 있고, '정토의 땅은 바로 중생의 심지
心地'임을 알아야 합니다.

대승의 보살들이 일체 중생의 성불을 서원하는 까닭도
여기에 있습니다. 중생의 마음이 맑고 깨끗해져서 정각正
覺을 이룰 때, 최상의 정토가 실현되기 때문입니다. 곧 정
토의 실현이란 정각의 세계를 달리 표현한 것이요, 극락
세계 또한 아미타불이 일체 중생을 제도하기 위해 세운
본원의 실현에 의해서 이룩된 정각의 세계인 것입니다.

결국 극락이 십만억 국토를 지난 곳에 위치하고 있다
는 표현 자체도, 그러한 먼 거리 다음에 나타나는 공간
적인 장소를 가리킨 말이 아닙니다. 오히려 지금의 세속
적인 현실과 단절되고 멀리 떨어져 있다는 것을 나타내
는 탁월한 표현으로 이해하는 것이 합당합니다. 내 마음
이 얼마나 맑고 깨끗해지고 있는가? 그것이 극락과의 거

리를 재는 척도입니다.

또한 장엄하고 화려한 극락정토 역시 완전하고 청정한 마음의 상태와 직결되어 있다고 이해해 보십시오. 실로 극락은 지극한 즐거움만이 있고 번뇌가 없는 곳입니다. 이 세계는 내 마음의 정화도에 따라 깊이를 달리하면서 우리에게 전달됩니다.

부디 무량한 빛, 무량한 생명의 아미타불을 생각하면서 묵묵히 '나'의 마음을 정화하십시오. 그곳에 극락의 문은 열려있습니다. 아니, 그 자리가 바로 극락인 것입니다.

3) 극락에 왕생하는 자는 누구인가 ?

· 제18원 : 어떠한 중생이라도 지극한 신심과 환희심을 내어 열 번만 아미타불의 이름을 부르는 이가 있으면 반드시 왕생하게 되며〔念佛往生願〕

· 제19원 : 보리심菩提心을 내어 여러 가지 공덕을 닦고 지극한 마음으로 원을 세워 극락에 태어나고자 하는 이는 임종시에 아미타불이 대중들과 함께 가서 그 사람을 영접하며〔臨終現前願〕

· 제20원 : 아미타불의 이름을 듣고 극락을 사랑하여 갖

가지 공덕을 심고, 지극한 마음으로 극락에
나려는 이는 반드시 왕생한다〔植諸德本願〕.
_{식 제 덕 본 원}

극락에 왕생하려는 이가 보리심을 내어 지극한 마음으
로 아미타불과 극락을 생각하며 염불하면 틀림없이 왕생
할 수 있다는 말씀입니다. 이에 대해서는 뒤에서 '염불수
행법'에 대해 이야기할 때 자세히 언급하겠습니다.

4) 극락에 왕생한 이가 누리는 최상의 행복이란 무엇 인가?

극락에 왕생하는 이는

· 제2원 : 다시는 삼악도에 떨어질 염려가 없고〔不更惡 趣願〕

· 제3원 : 모두 황금빛 광채가 나며〔悉皆金色願〕

· 제4원 : 한결같이 훌륭한 몸을 가져, 잘난 이 못난 이 가 따로 없다〔無有好醜願〕.

· 제5원 : 모두가 숙명통을 얻어 과거의 일을 다 알고〔 宿命通願〕

· 제6원 : 모두가 천안통을 얻어 모든 세계를 볼 수 있 고〔天眼通願〕

· 제7원 : 모두가 천이통을 얻어 모든 부처님의 설법을
　　　　들을 수 있고〔<ruby>天耳通願<rt>천이통원</rt></ruby>〕

· 제8원 : 모두가 타심통을 얻어 모든 세계에 있는 중
　　　　생들의 마음을 알 수 있고〔<ruby>他心通願<rt>타심통원</rt></ruby>〕

· 제9원 : 모두가 신족통을 얻어 백천억 세계를 순식간
　　　　에 통과할 수 있고〔<ruby>神足通願<rt>신족통원</rt></ruby>〕

· 제10원 : 모두가 번뇌의 근본인 아집을 일으키지 않
　　　　으며〔<ruby>漏盡通願<rt>누진통원</rt></ruby>〕

· 제11원 : 금생에서 바로 결정된 정정취正定聚에 들어
　　　　가서 마침내 성불하게 된다〔<ruby>必至滅道願<rt>필지멸도원</rt></ruby>〕.

　　그리고 극락의 중생들은

· 제15원 : 수명이 한량이 없고〔<ruby>眷屬長壽願<rt>권속장수원</rt></ruby>〕

· 제16원 : 나쁜 일을 하지 않는다〔<ruby>無諸不善願<rt>무제불선원</rt></ruby>〕

· 제21원 : 32상의 몸매를 갖추고〔<ruby>三十二相願<rt>삼십이상원</rt></ruby>〕

· 제23원 : 여러 부처님을 공양하며〔<ruby>供養諸佛願<rt>공양제불원</rt></ruby>〕

· 제24원 : 공양을 할 때는 원하는 공양물을 마음대로
　　　　얻게 되고〔<ruby>供具如意願<rt>공구여의원</rt></ruby>〕

· 제25원 : 누구든지 부처님의 일체 지혜를 얻어 법문
　　　　을 설하게 되며〔<ruby>說一切智願<rt>설일체지원</rt></ruby>〕

· 제26원 : 나라연금강과 같은 굳센 몸을 가질 수 있게
　　　　　 된다〔那羅延身願〕.

· 제27원 : 사용하는 물건은 모두가 아름답고 화려하
　　　　　 며〔所須嚴淨願〕

· 제28원 : 보리수의 한량없는 빛을 볼 수 있고〔見道楊
　　　　　 樹願〕

· 제29원 : 변재와 지혜를 얻고〔得辯才智願〕

· 제30원 : 지혜와 변재가 무궁무진해진다〔智辯無窮願〕

· 제38원 : 아름다운 옷이 저절로 입혀지고〔衣服隨念願〕

· 제39원 : 즐거움만 누릴 뿐, 다시는 번뇌와 집착이 일
　　　　　 어나지 않으며〔受樂無染願〕

· 제40원 : 시방세계 여러 부처님들의 세계를 볼 수가
　　　　　 있다〔見諸佛土願〕.

　　　또 극락에 태어나는 보살은

· 제22원 : 필경 일생보처一生補處라는 보살의 가장 높
　　　　　 은 지위에 이르게 되고〔必至補處願〕

· 제46원 : 뜻하는 바대로 듣고 싶은 법문을 들을 수가
　　　　　 있다〔隨意聞法願〕.

　이들 중에는 세속적인 인간의 욕망과 생활의 부족을
충족시켜 주는 단편적인 모습도 많이 포함되어 있습니

다. 그러나 극락세계에 태어난 사람은 반드시 열반에 도달한다는 원(제11 必至滅道願), 이 생을 마치고 다음 생에는 반드시 부처가 된다는 원(제22 必至補處願), 부처님과 똑같은 32상을 갖춘다는 원(제21 三十二相願) 등은 극락정토에 왕생하는 이가 반드시 불과佛果를 증득할 수 있음을 가리키고 있습니다.

성불이 절대적으로 보장되어 있는 나라, 즐거움만이 있는 나라에 태어난다는 것! 얼마나 멋있는 일이며 바라던 것입니까?

그러나 우리는 그 세계에 도달하는 것이 사후死後에나 가능하다고 표현하고 있습니다. 왕생이란 말 자체가 이 세상으로부터 떠나서 그곳에 태어남을 의미하기 때문입니다.

하지만 그곳의 태어남은 인간이나 동물의 태어남과는 완전히 다릅니다. 극락의 구품연화대 위로 '다른 몸을 의존하지 않고 그 스스로 나타나는 것'입니다. 이와 같은 태어남을 불교에서는 화생化生이라고 합니다.

무엇에 의지하지 않고 스스로 태어난다는 것은 시공時空을 초월하여 자생自生할 수 있음을 뜻합니다. 따라서 우리는 분명히 알아야 합니다.

극락이라는 이상적인 세계는 온갖 좋지 못한 행위를 저지른 이 몸이 그대로 옮겨져 가는 장소가 결코 아닙니다. 내 자신이 질적으로 변화되었을 때 비로소 극락은 도래하는 것입니다. 질적인 변화는 곧 '마음의 청정'입니다. 그리고 이타의 보살행에 의해 사회가 정화될 때 극락은 더욱 현실화됩니다.

극락의 행복은 지금 이 자리에도 있습니다. 더러움 속에서도 항상 스스로의 마음을 맑혀 세상을 청정으로 볼 수 있는 눈을 뜨게 된다면, 그는 이 땅에서 극락의 연화대 속으로 화생하는 자입니다.

정녕 이 땅에도 연꽃은 수없이 마련되어 있습니다. 그 연꽃에 앉아 극락의 행복을 누릴 자 그 누구입니까?

죽은 후가 아닙니다. 바로 지금 이곳에서 연꽃을 피웁시다. 한 송이 한 송이 한 송이씩을! 모두가 한 송이 연꽃을 피워봅시다. 비록 못다 피울 그때는 내생을 기약할지라도….

나무극락교주아미타불.

제2장
아미타염불 기도법

I
염불의 공덕

왜 염불을 권하는가?

🐚

미란타왕이 나가세나 존자에게 물었습니다.

"나가세나 존자여, 그대들 수행자들은 '백 년 동안 악행을 저질렀을지라도 죽는 순간에 염불을 하면 극락에 태어날 수 있다'고 말합니다. 그러나 나는 그 말을 믿을 수 없습니다. 또 그대들은, '단 한 번 살생한 과보로 지옥에 태어난다'고 말합니다. 나는 그 말도 믿을 수 없습니다."

"대왕이여, 그대는 어떻게 생각합니까? 조그마한 돌은 물에 뜰 수 있습니까?"

"존자여, 그럴 수는 없습니다."

"대왕이여, 백 개의 수레에 실을 만한 바위라도 배에 싣는다면 물 위에 뜰 수 있습니까?"

"그렇습니다. 능히 물 위에 뜰 수 있습니다."

"대왕이여, 그와 마찬가지입니다. 염불의 업은 배와 같은 것입니다."

"잘 알았습니다, 나가세나 존자여."

ᚼ

이상은 기원전 2세기경 북인도를 침략하여 정복한 희랍의 미란타왕과 나가세나 존자와의 대화를 기록하여 편찬한 『나선비구경那先比丘經』의 '염불'에 관한 문답입니다.

서양사상에 젖어 있었던 미란타왕은 업보業報라는 것을 쉽게 믿으려 하지 않았습니다. 수많은 전쟁을 치른 그로서는 '단 한 번의 살생한 과보로 지옥에 태어난다'는 사실을 받아들일 수가 없었던 것입니다.

동시에 매우 논리적이었던 미란타왕은 죽는 순간의 짧은 염불로 백 년 동안의 악행을 면죄 받고 극락에 태어난다는 희망적인 가르침도 긍정할 수가 없었습니다. 그래서 스스로가 도저히 수긍할 수 없는 불교의 가르침에 대해 질문을 던진 것입니다.

이에 나가세나 존자는 우리의 업장을 돌에 비유하여 설명합니다. 비록 작은 돌이라 할지라도 물 속 가장 깊은 곳에까지 가라앉듯이, 죄업의 질이 나쁘면 횟수와는 상관없이 지옥으로 떨어지기 마련이라는 사실을 깨우쳐 줍니다.

동시에 아무리 무겁고 큰 돌일지라도 배에 실으면 물에 빠지지 않듯이, 염불을 배로 삼아 고해를 건너면 아무리 무거운 악업을 지었을지라도 피안의 세계에 이를 수 있음을 천명한 것입니다.

그렇습니다. 아무리 무거운 업을 지었을지라도 염불 수행을 하면 능히 극락정토에 이를 수 있습니다. 이것이 염불의 공덕입니다.

죄업과 공덕! 우리 중생들은 누구나 악업도 짓고 선업도 지으며 살아갑니다. 완벽하게 선업만을 지으며 살아가는 중생은 거의 없습니다. 그러므로 중생들은 갈등합니다. 스스로가 지은 악업의 과보와 스스로가 행한 선업의 공덕을 생각하며, '나'는 과연 앞으로 어떻게 될 것인가를 걱정합니다.

그러나 걱정만 할 일은 아닙니다. 참으로 중요한 것은 '지금 내가 어떻게 선업의 공덕을 지으며 사느냐' 하는 것입니다. 왜냐하면 선업의 공덕은 악업의 과보를 능히 능가할 수 있기 때문입니다. 다시 미란타왕과 나가세나 존자의 문답을 들어봅시다.

미란타왕은 물었다.

"나가세나 존자여, 선행의 과보로 얻는 공덕과 악행의 과보로 얻는 죄과, 이 둘 중 어느 쪽이 더 큽니까?"

"공덕! 곧 선행의 과보로 얻는 행복이 더 큽니다."

"어찌하여 그렇습니까?"

"대왕이여, 죄과를 지은 사람은 자기의 악행을 알아차리고 후회를 하게 됩니다. 그러므로 죄과는 더 커지지 않습니다. 그러나 선행의 공덕인 복을 짓는 사람은 기쁨과 환희가 생겨 몸이 편안해지고 마음이 안락해집니다. 몸이 편안하고 마음이 안락하면 정신을 잘 모을 수 있게 되고, 정신이 잘 모이면 사물의 있는 그대로를 여실하게 봅니다. 그러므로 선행의 공덕인 복은 더욱 커지는 것입니다.

대왕이여, 죄를 짓고 손발을 잘린 사람이라도 한 묶음의 연꽃을 부처님께 바친다면 91겁 동안 지옥에 떨어지지 않는다고 합니다. 대왕이여, 이것이 '공덕은 죄과보다 더 크다'고 한 이유입니다."

"잘 알겠습니다. 나가세나 존자여."

ৡ

이 나가세나 존자의 말씀처럼, 선악의 혼돈 속에서 살고 있는 우리 불자들이 지금 이 자리에서 참으로 행하여야 할 것은 선행의 공덕을 쌓는 일입니다. 복짓는 선행의 공덕이야말로 우리를 평온과 행복과 향상의 세계로 나아갈 수 있도록 하기 때문입니다.

그러나 복을 짓는 선행의 공덕은 쌓고 싶다고 하여 누구나 마음대로 쌓을 수 있는 것이 아닙니다. 베풀어주고 싶고 이끌어주고 싶고 살려주고 싶지만 마음같이 되지 않습니다.

왜입니까? 바로 우리가 업보중생이기 때문입니다. 업의 장애가 가득한 업보중생이기 때문에 주고 싶어도 마음대로 주지 못하고 살리고 싶어도 살려내지를 못합니다. 없어서 주지 못하고 능력이 모자라기 때문에 살리지를 못합니다.

그럼 무거운 돌과 같은 업을 지닌 채, 최상의 행복을 이루는 선업공덕을 쌓으며 사는 방법은 없는가? 있습니다. 그것이 바로 염불입니다. 염불이라는 배를 띄우면 됩니다.

어떻게 그것이 가능한가? 나의 능력이 아니라 부처님의 본서원력本誓願力에 의지하기 때문에 가능해집니다.

극락에 태어나는 것도 마찬가지입니다. 아미타불의 근본 서원력이 중생의 극락왕생을 보장하고 있기 때문에 우리가 극락왕생을 할 수 있는 것입니다.

그러나 아무리 중생구제의 서원력이 큰 아미타부처님이라 할지라도 전혀 마음이 없고 전혀 노력하지 않는 중생까지 극락으로 데려가지는 않습니다. 왜냐하면 그와 같은 이에게는 씨가 없기 때문입니다. 극락의 연지蓮池에서 피어날 연꽃의 씨를 갖추고 있지 않기 때문입니다.

하지만 최소한의 노력과 관심을 기울이는 이라면 누구나 아미타불의 극락정토에 태어날 수가 있습니다.

앞 장의 '48대원'에서도 살펴보았듯이, 아미타불께서는 이렇게 원을 세웠습니다.

"어떠한 중생이라도 지극한 신심과 환희심을 내어 열 번만 아미타불의 이름을 부르는 이가 있으면 반드시 왕생하게 하겠다." (제18원)

"보리심을 내어 여러 가지 공덕을 닦고 지극한 마음으

로 원을 세워 극락에 태어나고자 하는 이는 내가(아미타불) 대중들과 함께 가서 그를 영접하겠다." (제19원)

'나무아미타불'의 지극한 염불 열 번이면 극락왕생이 보장되고, 그 위에다 선행의 공덕을 쌓으면 임종의 순간 아미타불께서 친히 영접까지 나온다고 하니, 얼마나 쉽고 편한 방법입니까!

염불은 행복을 얻는 가장 쉬운 방법

"염불하면 극락이 함께 한다."
그렇지만 이토록 쉬운 방법을 사람들은 믿으려 하지 않습니다. 너무 쉽기 때문에 못믿겠다는 것인지도 모릅니다.

그러나 염불하는 이를 극락으로 영접하겠다는 것은 아미타불의 단순한 생각이 아니라 서원誓願, 곧 맹세입니다. '반드시 그렇게 하겠다'는 강한 의지가 깃들어 있는 것입니다.

그러므로 우리는 믿고 행하여야 합니다. 그것이 불자의 신행信行입니다.

"믿고 행하여라."

부처님은 이것만을 요구합니다. 결코 부처님은 우리에게 따로 바라는 것이 없습니다. 따로 바라는 것이 있다면 나중에 후회되는 일이 생길 수 있겠지만, 따로 바라는 것이 없으니 믿고 행하는 우리로서는 손해를 볼 까닭이 없습니다.

실지로 불교의 믿음 속에는 우리의 상식을 넘어선 불가사의한 일이 종종 일어납니다. 한 편의 실화를 소개하겠습니다.

❀

충청남도 서산군 고북면에 살았던 김처사에게 있었던 일입니다. 일제 강점기에, 고북보통학교(지금의 초등학교)에 다녔던 그는 3학년때 고북면 장요리에 있는 연암산 천장암天藏庵으로 소풍을 갔습니다. 인솔한 선생님은 절 앞에 이르러, 조용히 할 것과 꽃을 꺾지 말 것 등 여러 가지 사항에 대해 엄하게 주의를 주었습니다.

그때 소년의 머리에는 '부처님께 절을 하면 죽게 되었을 때 살려준다'고 누군가가 한 말이 떠올랐고, 갑자기

예배를 드리고 싶어졌습니다.

"선생님, 법당에 들어가 예배를 드려도 될까요?"

선생님이 흔쾌히 허락하자 소년은 법당으로 들어가, 주머니에 꽁꽁 싸서 넣어두었던 동전 세 닢을 부처님 전에 놓고 절을 하며 소원을 빌었습니다.

"부처님, 제가 죽게 되면 한 번만 살려주세요."

그 일이 있은 뒤 김처사는 15세에 결혼하였고, 17세가 되던 해에 고향에서 멀지 않은 해미읍으로 장을 보러 갔다가, 돌아오는 길에 떡집으로 들어가 떡을 사 먹었습니다. 그 떡이 문제를 일으켜, 김처사는 3일 동안 몹시 앓으며 혼몽 속을 헤매다가 마침내 죽고 말았습니다.

아까운 나이에 갑작스런 죽음을 맞은 김처사의 집안 사람들은 비통한 마음으로 장례 준비를 하고 있었습니다. 그런데 김처사가 죽은지 3일만에 숨을 돌리고 다시 깨어나, 참으로 신기로운 이야기를 들려주었습니다.

김처사가 고통에 신음하며 누워 있는데, 갑자기 형상이 무섭게 생긴 세 사람이 나타나 결박을 지우고 잡아가려 했습니다. 김처사가 잡혀가지 않겠다며 심하게 반항하자, 그 중 한 사람이 말했습니다.

"그냥은 안 되겠군."

그는 허리에 차고 있던 망치로 김처사의 이마를 내리쳤고, 그때부터 김처사는 꽁꽁 결박당한 채 반항 한번 못하고 어디론가 끌려갔습니다. 그런데 얼마쯤 가다가 그 중 한 사람이 말했습니다.

"참! 이 사람을 잡아가자면 천장암에 가서 명부를 빼가야지."

그러더니 발길을 천장암으로 돌려, 삽시간에 법당에 당도하는 것이었습니다. 천장암의 부처님은 예전과 조금도 다름이 없었으나, 결박당한 김처사를 보더니 입을 열어 말씀을 하기 시작했습니다.

"그 사람을 왜 잡아가느냐?"

저승의 사자들이 머뭇거리자 부처님께서 말씀하셨습니다.

"그 사람을 풀어주어라."

사자들은 서로의 얼굴만 쳐다보며 망설이다가, 말없이 그의 결박을 풀어주고는 사라졌습니다. 그때 부처님께서는 손짓으로 가까이 올 것을 명하셨고, 감격한 그가 좌대 가까이로 다가가는 순간 마루장이 푹 꺼졌습니다.

바로 그 순간 죽었던 김처사가 숨을 돌리며 다시 살아난 것입니다. 그런데 묘하게도 저승사자에게 결박을 당하였던 무릎 밑의 묶인 자국은 그대로 남아있었습니다.

그후 김처사는 70세가 넘도록 살았는데, 기회가 있을 때마다 그 묶인 자국을 내어보이며 죽었다가 살아난 사연을 이야기하였습니다.

§

"죽게 되면 한 번만 살려주세요."

동전 세 닢을 놓고 부처님께 절을 하며 순수한 마음으로 기도한 것이 불교와 맺은 인연의 전부였던 김처사. 그런데도 그의 소원은 이루어졌습니다. 그럼 이 소원이 김처사의 능력으로 이루어진 것입니까? 당연히 아닙니다. 중생제도의 본원력을 지니신 부처님의 가피를 입어 죽게 된 목숨이 살아난 것입니다.

그러므로 우리는 우리를 행복의 길로 인도하고자 하는 부처님의 근본 서원력을 믿고, 우리가 기울여야 할 최소한의 노력을 기울일 줄 알아야 합니다.

'나무아미타불'

정성스럽게 마음을 모아 무량한 빛 무량한 수명의 아미타불을 염하여 보십시오. 그 염불 속에서 능히 무거운 업장을 극복하는 배를 탈 수 있게 되고, 행복한 '나'를 볼 수 있게 됩니다.

정녕 '염불'은 돈이 드는 것도 아니요 무지무지한 노력을 필요로 하는 것도 아닙니다. '노는 입에 염불한다'고, 평소 염불에 뜻을 두고 꾸준히 행하기만 하면 저절로 마음이 안정되고 기쁨과 환희가 생겨나며 몸이 편안해집니다.

또 염불을 하는 집중력이 강해지면 차츰 삼매를 이루게 되고, 삼매를 이루면 사물의 있는 그대로를 꿰뚫어보는 지혜가 생기게 되며, 크나큰 깨달음도 이룰 수 있게 됩니다.

중국 선종의 최대 전적인 『종경록宗鏡錄』 100권을 저술하였고 중국 불교 11종宗의 조사로 추앙받고 있는 연수延壽(904~975) 스님은 염불수행의 뛰어남을 다음과 같이 말했습니다.

"참선만 하고 염불을 하지 않으면, 죽은 뒤 그릇된 경계가 나타날 때 열 명 중 아홉은 그 경계를 따라간다. 그리고 참선을 하지 않았더라도 염불을 한 경우, 모든 사람이 다 아미타불을 친견할 수 있으니 어찌 깨닫지 못할까 두려워하랴.

물론 참선과 염불을 모두 닦았으면 호랑이가 뿔을 단 것처럼 현생에서는 사람들의 스승이 되고 내생에서는 부처님이나 조사가 된다. 그러나 참선도 염불도 모두 닦지 않으면 철로 된 침대나 동으로 된 기둥과 같이 무거워, 천만 번 몸을 바꿀지라도 믿거나 의지할 데가 없게 된다."

이 말씀을 통하여 볼 때 불자로서의 가장 훌륭한 수행은 참선과 염불을 함께 닦는 것임을 알 수 있습니다. 그러나 참선과 염불 중 하나를 택할 경우에는 참선보다는 염불을 택할 것을 깨우치고 있습니다. 자력의 참선수행만으로는 자칫 그릇된 길로 빠져들 수도 있지만, 염불을 하여 극락에 왕생하면 아미타불의 가르침 아래 결코 물러남이 없이 깨달음을 이룰 수 있기 때문이라는 것입니다.

또, 조선 중기의 서산대사西山大師께서는 이렇게 말씀했습니다.

"누구든지 한번 염불을 하면 바로 십만억겁의 업장을 소멸하고 십만억겁의 공덕을 성취하게 된다. 한번 염불하면 십만억겁의 업장을 소멸하거늘 많이 염불하게 되면 말할 것이 무엇이며, 한 번 염불하면 십만억겁의 공덕을 성취하거늘 많이 염불하는 공덕이야 말할 것이 무엇이랴."

연수스님이나 서산대사만이 아닙니다. 참으로 많고 많은 큰스님들께서 염불의 공덕을 말씀하셨거늘, 어찌 믿지 않을 것이며 실행하지 않을 것입니까? 염불은 행복을 얻는 가장 쉬운 방법입니다.

지금까지 염불수행을 하지 않은 불자라면 부처님의 본서원력에 의지하여 부처님과 하나가 되는 염불을 해보십시오. 부처님과 역대의 큰스님들 말씀처럼 틀림없이 최상의 행복을 얻고 극락極樂을 이루게 될 것입니다.

정성껏 염불하자

이제까지 우리는 염불의 공덕에 대해 살펴보았습니다. 그러나 염불의 공덕이 크다 한들 행하지 않으면 아무런 결실이 있을 수 없고, 행한다 할지라도 아미타불께서 48원을 통해 단 하나의 조건으로 내세운 '지극한 마음至心'을 저버려서는 안됩니다.

『삼국유사』에는 지극한 마음으로 염불하여 극락왕생의 감동적인 모습을 보여준, 아간阿干 귀진貴珍의 계집종인 욱면郁面의 이야기가 수록되어 있습니다. 이 이야기를 통해 우리의 지심至心을 되새겨 보도록 합시다.

❀

신라 경덕왕(742~765) 때 욱면의 주인인 귀진을 비롯하여 강주康州의 거사居士 수십 명은 극락왕생에 뜻을 두고 미타사를 창건하여 만일계회萬日契會를 만들었습니다. 이에 욱면은 주인을 따라 미타사로 가서 법당 밖의 뜰에 서서 염불했습니다.

그러나 그녀가 일하지 않는 것을 미워한 귀진은 하루 종일 하여도 못다 찧을 양인 곡식 두 섬을 날마다 찧어 놓을 것을 명하였습니다. 그녀는 조금도 불평하지 않았습니다. 오히려 부지런히 일하여 초저녁에 곡식을 모두 찧고는 미타사로 달려가 부지런히 염불했습니다.

어느 날 욱면은 미타사 뜰 좌우에 말뚝을 세웠습니다. 그리고 두 손바닥을 뚫어 노끈으로 꿰어서 말뚝에 매고, 합장한 두 손을 흔들며 지극정성으로 염불했습니다. 그때 공중에서 큰 소리가 울려왔습니다.

"욱면낭자는 법당에 들어가서 염불하라."

그 소리를 들은 승려들은 그녀를 법당으로 인도하여 귀족들과 함께 염불할 수 있도록 하였습니다.

그 뒤 얼마 있지 않아 음악소리가 서쪽에서부터 들려왔고, 그녀의 몸은 들보를 뚫고 서쪽으로 날아가 교외에서 육신의 허물을 벗었습니다.

그 순간 부처의 몸으로 변한 욱면은 연화대에 앉아 대광명을 발하면서 극락세계로부터 온 성중聖衆들의 마중을 받으며 왕생하였습니다. 그리고 욱면이 사라지고 난 후에도 오랫동안 공중의 음악소리는 사라지지 않았다고 합니다.

&

이 이야기에서 주목되는 점은 욱면의 신분입니다. 욱면은 법당 안에조차 들어설 수 없었던 천한 계집종이었습니다. 그러나 그녀는 어느 귀족도 이루지 못했던 현신왕생現身往生을 성취하였습니다.

과연 천한 종인 욱면이 어떻게 현신왕생 할 수 있었을까요? 믿음에 있어 중요한 것은 지극한 마음일 뿐, 인간 복덕의 척도가 되는 신분의 귀천은 문제거리가 되지 않는다는 것입니다.

신분만이 아닙니다. 나이의 많고 적음, 보시물의 적고

많음, 심지어는 죄악의 두께조차 상관하지 않는 것이 불교신앙입니다. 오직 한가지 요구하는 것은 지극한 마음입니다.

그러므로 염불을 하는 자는 시간의 많고 적음보다, 내 마음을 얼마나 지극히 가지느냐에 초점을 맞추어야 합니다. 마음이 지극해지면 부처님과 하나가 되지 못할 까닭이 없고, 부처님과 하나가 되면 원을 성취하지 못할 까닭이 없습니다.

문제는 번뇌이겠지만, 이 번뇌에 대해서는 다음 장의 염불수행법을 이야기할 때 자세히 살펴보고자 합니다.

나아가 '나'뿐만이 아니라 내가 베풀고 싶고 이끌고 싶고 살리고 싶은 사람이 있으면 염불을 통한 축원으로 능히 베풀고 이끌고 살려낼 수 있습니다. 곧 태양의 빛을 거울로 받아 반사시키면 캄캄한 동굴 속도 능히 밝힐 수 있듯이, 아미타불의 자비광명을 그 사람에게로 향하게 하면 능히 살릴 수 있고 베풀 수 있는 것입니다.

'나무아미타불'

이 속에 원성취願成就의 길이 있고 자타일시성불도의 길이 있습니다. 부디 지극한 마음으로 염불에 임하여 원을 이루고 깨달음을 이루는 불자가 되시기를 축원드립니다.

Ⅱ
관상염불법

염불이란?

1997년, 전라북도 완주에 사는 30대의 가장家長이 직접 체험한 일입니다.

그는 결혼한 다음에도 홀어머니를 봉양하며 살았는데, 명命이 다한 어머니는 세상에 대한 미련과 아들에 대한 애착이 다하지 않았음인지 저 세상으로 떠나지 못하고, 자신의 혼을 아들의 부인인 며느리의 몸에 의탁하였습니다. 한마디로 귀신이 된 것입니다.

귀신이 된 시어머니는 며느리를 끊임없이 괴롭혔고, 며느리는 자신의 의지와는 전혀 상관없이 온 몸이 아픈 시련을 겪어야 했습니다. 뿐만 아니라 시어머니는 며느리의 입을 빌어 아들과 손자의 일, 그리고 살아 생전의 한맺힌 이야기들을 쏟아놓았습니다.

"너는 왜 나에게는 잘할 생각을 하지 않고 며느리편만 드느냐? 이 불효막심한 놈!"

차츰 집안이 엉망이 되어가자 견디다 못한 아들은 부적을 구하여 집안 곳곳에 붙이기도 하고 무당을 불러 굿도 하였습니다. 하지만 어머니는 떠나가지를 않았고, 오히려 더 심술을 부렸습니다.

"이놈아, 그런다고 내가 떠날 줄 아느냐? 네 처의 몸은 내 집이다. 이제부터는 네 처가 아닌 나이니, 나와 같이 살자."

견디다 못한 아들은 완주군의 영험 깊은 사찰인 송광사를 찾았고, 그 절의 주지스님은 '나무아미타불'의 염불을 권했습니다. 그러나 평소 불교를 열심히 믿지 않았던 아들은 염불을 하지 않았습니다.

그러던 어느날, 어머니가 다시 아내의 몸을 빌어 심한 욕설을 하는 것을 바라보던 아들은 자신도 모르게 한숨을 내쉬며 속으로 '나무아미타불'을 외웠습니다. 그런데 어머니가 깜짝 놀라며 소리치는 것이었습니다.

"야! 네 몸에서 빛이 난다야."

"예?"

"야, 너 지금 뭐했노?"

그때서야 아들은 자신이 '나무아미타불'을 외운 것을 깨달았습니다.

'아! 나무아미타불을 외웠는데 영가에게는 광명으로 보였구나. 참으로 불가사의한 일이다.'

이렇게 아미타불의 위신력을 체험한 그는 어머니 영가의 시달림에서 잠시 벗어나 본 정신으로 돌아온 아내에게 '나무아미타불'을 외울 것을 권하는 한편, 자신도 염불을 하면서 축원했습니다.

"아미타 부처님, 업장이 두터워 가야 할 곳을 가지 못하고 아내의 몸에 의탁해 있는 불쌍한 어머니를 부처님의 무량한 광명으로 인도하시어 극락왕생케 하소서."

그런데 참으로 묘한 일이 일어났습니다. 7일만에 어머니는 아내의 몸을 떠났고, 지난 수개월 동안 온 몸이 아프다며 하소연하던 아내는 건강을 회복했습니다. 아울러 집안이 평온을 되찾음과 동시에 그들 부부는 신심 깊은 불자로 새롭게 태어났습니다.

§

'나무아미타불'

이 여섯 글자에 깃든 힘은 참으로 큽니다. 앞의 이야기를 되새겨 보십시오. 아들은 속으로 '나무아미타불'을 외웠는데, 영가인 어머니는 광명을 본 것입니다. 이에 확신을 얻은 아들은 정성껏 '나무아미타불'을 외워 어머니를 좋은 세상으로 보내드릴 수 있었습니다.

염불의 공덕이 이와 같이 크거늘 염불을 마다할 까닭이 어디 있겠습니까? 누구든지 믿음을 가지고 염불을 하면 틀림없이 가피를 입을 수 있습니다. 이제 염불하는 방법에 대해 살펴보기 전에 '염불念佛'이라는 글자 속에 담겨 있는 뜻을 잠깐 새겨보고자 합니다.

'念佛'은 글자 그대로 부처님이나 보살의 이름에 끊임없이 마음을 집중하는 것입니다. 염불의 '염念'은 팔리어 '사티satti'를 옮긴 말로써, 그냥 단순하게 생각하는 것이 아니라 '집중한다'는 뜻을 지니고 있습니다. 곧 불보살님을 향해 마음을 집중시켜 번뇌와 망상을 가라앉히고, 모든 괴로움에서 벗어나 깨달음을 이루는 것이 염불입니다.

『능엄경』을 보면, 염불하는 중생들에게 큰 용맹심을 불러일으켜주는 대세지보살大勢至菩薩이 석가모니부처님께 염불의 정의가 무엇인지를 아뢴 글이 있습니다.

"세존이시여, 제가 아득한 과거 항하사겁 전에 초일월광불超日月光佛을 뵙고 염불삼매를 배웠사온데, 그 부처님께서는 저에게 이렇게 설하셨나이다.

'시방세계의 모든 여래께서 중생을 생각하는 것은 어머니가 자식을 사랑하는 것과 같지만, 자식이 구태여 도망을 친다면 어머니가 아무리 생각을 한들 어찌할 수 있겠느냐?

그런데 어머니가 자식을 생각하는 것처럼 자식도 어머니를 간절히 생각하면, 그 어머니와 자식은 생生이 아무리 바뀔지라도 멀어지지 않게 되느니라. 이와 같이 중생이 부처님을 늘 잊지 않고 생각한다면〔憶佛念佛〕, 현생이나 내생에 틀림없이 부처님을 볼 수 있게 되느니라.

또한 언제나 부처님과 함께 하여 어려운 수행을 통하지 않더라도 스스로의 참마음이 열리나니, 마치 향수를 바른 사람의 몸에서 향기가 나는 것과 같으니라.'

이 말씀에 따라 저는 처음 발심한 그때부터 염불을 하여 깨달음을 이루었고, 그 힘으로 이 세상의 염불하는 사람들을 거두어들여 정토로 돌아가게 하고 있나이다."

이는 염불의 특징이 무엇인가를 아주 잘 나타내어주고 있는 말씀입니다. 부처님의 중생에 대한 사랑은 자식에 대한 어머니의 사랑처럼 끝이 없습니다. 그야말로 무한자비요 조건 없는 사랑입니다. 이와 같은 부처님의 사랑을 중생 스스로가 받아들이기만 한다면, 그 자비의 빛이 중생을 밝히지 못할 까닭이 없습니다. 오직 한 가지, 부처님께서 바라는 것이 있다면 '스스로의 마음을 열라'는 것입니다.

'염불'은 결코 특별한 것이 아닙니다. 마음을 열고 늘 부처님을 생각하여 잊지 않는 것! 이것이 염불입니다.

우리가 늘 잊지 않고 부처님을 생각하게 되면 스스로의 참마음이 열리면서 언제나 향기가 감돌고 행복이 충만하게 됩니다. 정녕 염불을 통하여 부처님과 함께하는 우리에게 어떻게 불행과 허무감이 깃들 수 있겠으며 괴로움이 함께 할 수 있겠습니까?

실로 염불은 모든 불자들이 가장 쉽게 접근할 수 있고 가장 쉽게 행복을 이룰 수 있게 하는 기도법입니다. 그럼 이 염불은 어떻게 해야 하는가?

예로부터 전래되어 온 염불법은 많습니다.

좌선을 할 때처럼 마음을 고요히 하여 부처님을 관하는 정업염불定業念佛이 있는가 하면, 가나 오나 앉으나 누우나 한결같이 염불하는 산업염불散業念佛도 있고, 더러운 이 세계를 싫어하여 정토에 왕생하기를 구하며 염불하는 유상업염불有相業念佛, 비록 염불하여 정토를 구하나 현재 자신의 몸을 담고 있는 이곳이 그대로 정토라고 생각하는 무상업염불無相業念佛도 있습니다.

이밖에도 염불의 종류로는 수십 가지가 있지만, 염불을 하는 방법의 측면에서 구분하면 크게 칭명염불稱名念佛·관상염불觀想念佛·실상염불實相念佛의 세 종류로 구분됩니다. 이 세 종류의 염불법은 반야의 세 가지 유형인 문자반야文字般若·관조반야觀照般若·실상반야實相般若와 서로 일맥상통하고 있습니다.

곧 반야가 무엇인지를 알려주는 글을 통하여 반야의 세계로 들어가는 것이 문자반야이듯이, 칭명염불은 아미타불의 명호를 불러 부처님의 자비광명 속으로 들어가는 염불법입니다.

또 고요히 극락세계와 아미타불의 모습을 관觀하는 관상염불은 반야지혜의 빛을 묵묵히 관조해 보는 관조

반야와 통하며, 이 법계가 그대로 반야라는 것을 깨닫는 실상반야처럼, 실상염불은 염불하는 '나'가 법계에 가득 충만되어 있는 법신불法身佛임을 깨닫는 염불법입니다.

이 세 가지 염불법 중 누구나 쉽게 실천할 수 있는 것은 칭명염불과 관상염불이므로, 이 두가지 염불을 중심으로 삼아 염불법에 대해 이야기하고자 하며, 이들 중에서도 염불하는 이들이 다소 어렵게 여기는 관상염불부터 설명한 다음 칭명염불법을 살펴보고자 합니다.

현신왕생現身往生 일화一話

관상염불觀想念佛은 부처님을 생각하고 관하는 염불방법이며, 구체적인 극락왕생의 방법으로 십육관법十六觀法을 설하고 있습니다. 이 관을 통한 염불법을 살펴보기 전에, 십육관을 닦아 현신現身으로 극락왕생한 옛 이야기부터 함께 음미해 보도록 합시다.

🏵

신라 문무왕 때, 광덕廣德과 엄장嚴莊이라는 다정한 두

친구가 있었습니다. 그들은 평소에 누구라도 먼저 극락왕생 하게 되면 알릴 것을 약속하고 염불정진을 하였습니다. 광덕은 처자를 거느리고 분황사芬皇寺의 서쪽 마을에 숨어살면서 짚신 삼는 것을 생업으로 삼으며 정진하였고, 엄장은 남산에 암자를 짓고 살면서 나무하고 밭을 갈며 염불 정진했습니다.

어느 날 석양 무렵, 엄장은 창 밖으로부터 들려오는 소리를 듣게 되었습니다.

"나는 이제 서방 극락세계로 왕생하니, 자네도 속히 나를 따라오도록 하게나."

엄장이 문을 열고 나가 보니 구름 위에서는 하늘의 음악이 울려퍼지고, 광명이 땅에까지 뻗쳐 있었습니다. 이튿날 광덕의 집을 찾아가 그 처와 함께 유해를 거두어 장사를 지낸 엄장은 광덕의 처에게 말했습니다.

"남편이 죽었으니 나와 함께 사는 것이 어떠하오."

광덕의 처가 좋다고 하였으므로 그들은 함께 살게 되었습니다. 그런데 그날 밤 잠자리에서 엄장이 관계를 가지려 하자, 부인은 수줍음을 머금고 몸을 빼며 엄장을 은근히 나무랐습니다.

"서방극락을 구함이 어찌 나무에 올라가 고기를 구함

과 같으리이까?"

의아해진 엄장은 부인의 말을 되받았습니다.

"함께 살기로 하였으면서, 광덕과는 행한 부부생활을 어찌 나와는 하지 않으려 하시오?"

"남편도 저와 10여 년을 동거하였으나 아직 하루 저녁도 자리를 같이 한 일이 없습니다. 하물며 추한 짓을 했겠습니까? 남편은 오로지 낮에는 짚으로 신발을 삼으며 아미타불의 명호를 외웠고, 밤이 되면 단정히 앉아 한결같이 16관觀을 닦아 미혹을 깨쳤습니다. 이렇게 한결같이 닦아 마침내 진리를 달관하게 되었고 밝은 달이 창에 비치면 그 빛에 올라앉기도 하였습니다.

그 정성이 이와 같았으니, 비록 서방 극락세계에 가지 않으려고 한들 달리 어디로 가겠습니까? 대개 천리를 가는 사람은 그 첫걸음으로써 알 수 있는 것인데, 지금 이와 같은 행위라면 동방으로는 갈지언정 서방 극락으로는 갈 수 없습니다."

부끄러움으로 그 자리를 물러난 엄장은 원효대사를 찾아가 간곡히 극락왕생법을 여쭈었고, 원효대사는 삽관법魂觀法을 지도해 주었습니다. 그날 이후 엄장은 몸을 깨끗이 하고 한마음으로 염불을 하여 극락왕생하였습니다.

§

왕생이란 무엇인가? 그것은 믿음의 씨앗이 발아하여 염불로써 맺게 되는 결실입니다. 그 믿음을 우리는 신심信心이라고 합니다. 마음 깊이 부처님을 믿고 일심으로 염불하면 반드시 왕생할 수 있다는 믿음. 그 믿음이라야 능히 극락으로 통할 수 있습니다.

광덕과 엄장의 염불 수행은 신을 삼으며, 나무하고 밭을 갈면서 이루어졌습니다. 누구나 하는 일상생활 속에서 그들의 수행은 이루어졌던 것입니다. 그러나 이름에서 풍기듯이, 광덕이 그 덕을 널리 널리 닦아갔다면, 엄장은 장엄에 치중하여 외적으로만 엄숙하였는지도 모릅니다.

더욱이 엄장과 광덕의 수행에는 그 출발에서부터 엄연한 현실적 차이가 있었습니다. 그것은 신심입니다.

극락정토로 가득 채워져 있었던 광덕의 믿음에는 털끝만큼의 번뇌도 침범할 수 없었지만, 적어도 엄장의 믿음에는 욕정의 티끌이 자유롭게 넘나들고 있었던 것입니다.

광덕은 일찍이 〈원왕생가願往生歌〉를 불렀습니다.

달아

이제 서방까지 가시나이까

무량수불 앞에

말씀 사뢰소서

맹세 깊으신 무량수불께

우러러 두 손 모아

원왕생 원왕생이라고

그리워하는 사람 있다고

사뢰주소서

아아

이 몸 버려두고

사십팔대원이 다 성취하실까

　얼마나 간절한 믿음의 노래입니까! 그 믿음을 달에 실어 맹세 깊으신 아미타불께 보낸 것하며, 자신의 왕생이야말로 아미타불께서 세운 48대원의 성취임을 감히 노래할 수 있다는 것은, 일심으로 무장한 신심이 아니고서는 가히 나올 수 없는 그리움이요 확신입니다.

　결국 광덕은 신심에 바탕을 둔 염불과 십육관법을 행하여 달빛을 타고 정좌할 수 있는 경지에 이르렀고, 해탈을 얻어 극락왕생을 실현할 수 있었던 것입니다.

그러나 엄장은 달랐습니다. 그의 10년 염불은 애욕의 결박조차 넘어서지 못했던 것입니다. 광덕부인의 경책은 엄장의 이러한 애욕을 보리심으로 탈바꿈시켰고, 참회를 할 줄 알았던 엄장은 한국 제일의 고승인 원효대사를 찾아가서 가르침을 청했습니다. 이에 원효대사는 꽹과리 같은 타악기를 치면서 마음으로 아미타불을 관상하며 염불하는 행법인 삽관법을 전수했습니다.

왜 하필이면 원효대사는 엄장에게 악기를 치는 수행법을 권하였을까요? 그것은 엄장의 번뇌를 치유하기 위해서였습니다. 그 소리와 함께, 그 박자와 함께 집중을 도모케 하여 엄장의 수행을 삼매三昧의 경지로 끌어올리고자 했던 것입니다. 그 후 이 삽관법에 의지하여 일심으로 염불정진한 엄장도 마침내 극락왕생할 수 있었습니다.

우리는 분명히 알아야 합니다. 극락이 부산한 번뇌나 욕망의 세계가 아니라는 것을! 극락은 일심의 세계입니다. 일심의 삼매가 곧 극락입니다. 그것을 명심하여 수행하는 자, 그에게는 살아서나 죽어서나 극락이 함께한다는 것을 이 한 편의 이야기는 깨우쳐 주고 있습니다.

십육관법

이제 광덕이 닦았다는 십육관법十六觀法, 곧 관상염불에 대해 살펴보도록 합시다.

십육관법은 극락을 보는 눈입니다. 석가모니부처님께서 말씀하셨듯이 아미타불이 계시는 극락은 결코 먼 곳에 있는 것이 아니건만, 눈에 보이지 않는다는 이유만으로 포기하는 중생에게 용기의 눈, 관조觀照의 눈을 길러주는 관법이 십육관법입니다. 그리고 이 관법에 따라 극락세계와 아미타불을 관하면 서방정토가 눈앞에 펼쳐지고 왕생이 보장된다는 것입니다.

실로 중생은 나약한 존재입니다. 부산하기 때문에 나약합니다. 이에 부처님께서는 그 부산함을 집중의 관觀으로 타파하고, 나약한 자의 눈을 극락을 볼 수 있는 지혜의 눈으로 바꾸기 위해 십육관법을 설하신 것입니다.

『관무량수경』에서는 열여섯 가지 관법의 첫머리에 지는 해를 생각할 것을 이야기합니다.

순일한 마음으로 생각을 한 곳에 모아 서방 극락세계를 그려보십시오. 눈이 있는 자는 누구나 해가 지는 것을 볼 수 있습니다. 서쪽을 향해 앉아 지는 해를 똑똑히 보십시오. 마음을 굳게 하고 생각을 흩어지지 않게끔 하여 똑똑히 보십시오.

이것이 지는 해를 보면서 극락정토를 관상觀想하는
① 일상관日想觀입니다. 석양빛 노을의 아름다움 속으로 흡입되어 모든 번뇌를 잊고 탄성과 행복감에 잠기는 그 마음이야말로 능히 극락의 문을 열 수 있을 것입니다.

경전은 계속해서 극락정토에 있는 물과 땅과 장엄한 나무 등을 생각하도록 합니다.

② 극락의 대지大地가 넓고 평탄하며 물과 얼음과 같이 맑음을 관상觀想케 하는 수상관水想觀

③ 유리로 된 극락의 대지를 관상케하는 지상관地想觀

④ 극락에 있는 크고 아름다운 보배 나무의 줄기와 가지와 잎과 꽃과 열매를 관상케 하는 보수관寶樹觀

⑤ 칠보로 꾸며진 극락의 연못과 연꽃, 그리고 연못의 8공덕수功德水를 관상케 하는 보지관寶池觀

⑥ 천상의 음악이 흘러나오는 극락의 5백억 보배 누각을 관상케 하는 보루관寶樓觀

⑦ 8만4천개의 연꽃잎과 백억의 마니보주로 장식된 아
  미타불의 대좌大座를 관상케 하는 화좌관華座觀

⑧ 아미타불 · 관세음보살 · 대세지보살이 극락세계의
  연화대 위에 있음을 관상케 하는 상관像觀

⑨ 아미타불의 참모습을 관상케 하는 진신관眞身觀

⑩ 극락에서 아미타불을 모시고 있는 관세음보살을 관
  상케 하는 관음관觀音觀

⑪ 극락에서 아미타불을 모시고 있는 대세지보살을 관
  상케 하는 세지관勢至觀

⑫ 자신이 정토에 왕생하는 모습을 관상케 하는 보관普觀

⑬ 시방세계 어디에나 여러 가지 모습을 나타내어 중
  생을 자유자재로 제도하시는 아미타불을 관상케 하
  는 잡상관雜想觀

⑭ 일심으로 아미타불을 생각하고 여러 가지 공덕을
  쌓은 상배자上輩者가 극락의 상품 연화대에 왕생하
  는 것을 관상케 하는 상배관上輩觀

⑮ 비록 선근 공덕은 충분히 쌓지 못했을지라도 일심으
  로 아미타불을 생각하는 중배자中輩者가 극락의 중품
  연화대에 왕생하는 것을 관상케하는 중배관中輩觀

⑯ 오직 한결같은 정성으로 열 번만이라도 아미타불을

부른 하배자下輩者가 극락의 하품 연화대에 왕생하
는 것을 관상케 하는 하배관下輩觀

석가모니부처님께서는 이상과 같은 열여섯 가지 관법
을 닦으면 누구나 아미타불을 친견할 수 있고 반드시 극
락에 왕생한다고 하셨습니다. 그런데 이 십육관법은 크
게 두 단원으로 나뉘어집니다.

하나는 제14상배관에서 제16하배관까지로, 염불수행
자의 업장과 근기根機에 따라 어떻게 관하여야만 아홉
종류로 나누어져 있는 극락의 구품연화대九品蓮華臺에
태어날 수 있는가를 일러주고 있습니다.

그리고 또 다른 한 단원은 제1의 일상관에서 제13 잡
상관까지로, 극락세계의 풍경과 극락의 주인공인 아미
타불·관세음보살·대세지보살의 모습을 관하는 것입니
다. 배열한 순서로 보면 능히 짐작할 수 있듯이, 이 경우
에는 처음의 일상관부터 하나하나를 차례로 관해 나가
는 것이 원칙입니다.

① 석양과 노을을 보면서 서방극락세계를 떠올리다
가, ② 땅 ③ 물 ④ 나무 ⑤ 연못 ⑥ 보배누각 등으로 꾸
며진 극락의 아름다움을 심도있게 관찰합니다.

그리고 극락의 전체적인 모습을 또렷하게 관할 수 있게 되면 ⑦ 아미타불이 앉아 계신 연화대를 관하고 ⑧ 그 연화대 위에서 설법하고 계신 아미타삼존불을 한꺼번에 관한 다음 ⑨ 아미타불과 ⑩ 관세음보살 ⑪ 대세지보살 각각의 모습을 명확히 떠올리며 ⑫ 마침내는 자신이 극락에 태어나는 모습뿐만이 아니라 ⑬ 이 사바세계에서 중생을 교화하고 계신 아미타불을 관하게 되며, 마지막으로 극락의 상·중·하품 연화대 중에서 ⑭ 상품에 태어나는 모습 ⑮ 중품에 태어나는 모습 ⑯ 하품에 태어나는 모습을 관하게 됩니다.

여기에서는 지면관계상 생략하였지만, 『관무량수경』에서는 그 하나하나의 관법에 대해 매우 상세히 기록하고 있으며, '관하되 뚜렷하기가 마치 손바닥을 보는 것과 같이 분명히 해야 한다'는 것을 거듭거듭 강조하고 있습니다.

그러므로 매우 전문적인 수행인이 아닌 이상, 이 16가지 관법을 차례로 닦아가기는 어렵습니다. 더욱이 일상생활 속에서 여러 가지 고통을 겪고 있는 이들이 16가지 관법을 모두 닦기는 요원하기 짝이 없습니다.

그럼 우리같이 평범한 중생들이 닦을 관법은 없는 것

인가? 아닙니다. 범부들의 이러한 생각을 미리 살피신 옛날 정토종의 큰스님들께서는 16관법의 대표격인 제9 아미타불의 진신관眞身觀 하나만이라도 열심히 닦을 것을 권하셨습니다.

미타진신관彌陀眞身觀

미타진신관은 아미타불의 참모습을 마음으로 그려보는 것입니다. '염불念佛'이라는 글자의 뜻 그대로, 마음으로 부처님을 그려보고 부처님을 생각하는 것입니다. 보다 더 정확히 말하면, 부처님의 모습을 떠올린 다음 자세히 관찰觀察하는 것입니다. 『관무량수경』에서는 그 방법을 다음과 같이 일러주고 있습니다.

무량수불의 몸과 광명을 관함에 있어 잘 알아두어야 할 것이 있느니라. 그것은 무량수불의 몸이 야마천의 염부단금색보다 백천만억 배나 더 빛나고, 키가 60만억 나유타 항하사 유순이라는 것이다.

오른쪽으로 우아하게 돌고 있는 미간의 백호白毫는 그 크기가 수미산을 다섯 개 합한 것과 같고, 푸르고 맑은 부처님의 눈은 사대해四大海와 같느니라.

몸의 모든 모공毛孔에서는 광명이 흘러나와 수미산 크기만큼이나 뻗치고, 몸을 감싸는 둥근 광명[圓光]은 삼천대천세계와 같느니라. 그 원광 속에는 백만억 나유타 항하사의 화신불化身佛이 계시고, 그 화신불마다 헤아릴 수 없이 많은 화신보살이 계시느니라.

또한 무량수불은 8만4천가지 훌륭한 모습[相]을 갖추었고, 하나하나의 상相마다 다시 8만4천가지의 좋은 모습[隨形好, 種好]를 갖추었으며, 낱낱의 수형호마다 또한 8만4천 광명을 뿜어내고 있느니라.

무량수불은 그 광명으로 두루 시방세계를 비추어, 부처님을 생각하고 부처님의 명호를 부르는 중생들을 한 사람도 버리지 않고 모두 섭수하느니라.

무릇 무량수불의 광명과 상호相好와 화신불은 이루 다 말할 수가 없으니, 다만 깊이 생각하여 마음의 눈[心眼]으로 보아야 하느니라. 만약 이와 같이 무량수불을 볼 수 있는 사람은 바로 시방세계의 모든 부처님을 볼 수 있으며, 모든 부처님을 볼 수 있기 때문에 염불삼매念佛三昧라 하느니라.

또한 부처님의 몸을 볼 수 있게 되면 부처님의 마음〔佛心〕을 볼 수 있게 되나니, 불심은 곧 대자대비이니라. 모든 부처님은 이와 같은 무연자비無緣慈悲로써 모든 중생을 섭수하고 있도다.

모름지기 이와 같이 관할 수 있는 사람은 내생에 여러 부처님의 회상會上에 태어나 생사를 해탈하는 무생법인無生法忍을 얻게 되나니, 오로지 마음을 모아 무량수불을 착실히 관할지니라.

『관무량수경』에서 설한 이상과 같은 미타진신관의 내용을 읽고 어떤 이는 생각할 것입니다. '아미타불의 키가 60만억 나유타 항하사 유순이라 하였는데 과연 얼마만한 크기인가?'하고…. 한번 계산해 봅시다.

나유타는 인도의 수량으로 천억이요, 항하사는 갠지스강의 모래 수로서 무수하다는 뜻이며, 1유순은 약 16km 가량 됩니다. 따라서 아미타불의 키는 60만억×천억×무수한 모래알×16km입니다. 그러므로 아미타불의 키는 상상을 초월한 무한대입니다.

바꾸어 말하면 이 우주에 가득차 있는 분이 아미타부

처님이십니다. 그러므로 우리가 아미타불을 관할 때는 아주 크나큰 모습으로 그리면 됩니다. 그리고 그 몸으로부터 무한한 빛이 뿜어져 나오고 한없는 화신불들이 있음을 관하면 됩니다. 아울러 부처님께서 그 누구도 차별하지 않는 평등한 자비심, 곧 무연대비심으로 중생을 섭수하고 계심을 생각하면 됩니다.

무량한 수명을 지닌 무량수불. 무량한 광명을 뿜어내는 무량광불. 그분이 바로 아미타불이십니다. 무연대비심을 품고 무량한 빛을 비추는 아미타불. 그 빛은 다른 세계를 비추는 빛이 아닙니다. 바로 우리를 비추고 있습니다. 그리고 그 빛을 강하게 받으면 받을수록 고난과 어둠과 불행이 사라지고, 기쁨과 밝음과 행복이 충만된 극락같은 삶을 이룰 수 있습니다.

감히 염불을 하는 모든 분들께 권합니다. 그냥 입으로 불보살님의 명호만을 외우지 말고 꼭 관상觀想을 하는 습관을 길러 보십시오. 관상을 잘하게 되면 굳이 입 밖으로 불보살의 명호를 외우지 않더라도 언제나 그 불보살님과 함께 하게 됩니다.

내가 아미타불을 관하는 때는 아미타불이 나와 함께 있습니다. 관세음보살을 관하면 관세음보살이 나와 함께 합니다. 그러나 입으로만 '나무아미타불'을 외우고 마음으로 생각하지 않으면 오히려 아미타부처님은 나와 함께 하지 않습니다.

관상염불은 결코 어려운 것이 아닙니다. 입으로 아미타불을 부르면서 마음으로 아미타불의 모습을 떠올리십시오. 그리고 아미타불의 광명이 나에게 비추고 있음을 그리십시오. 그 광명 속에서 모든 업장은 녹아내리고, 어두운 삶은 밝은 삶으로 바뀌게 됩니다.

그리고 가족·친구·이웃 중 당면한 문제가 있어 부처님의 가피를 필요로 하는 이가 있다면, 부처님의 광명이 그 사람에게 비추고 있는 것을 관상하면서 염불을 해보십시오. 참으로 부처님의 무한자비와 불가사의한 가피력을 느끼게 될 것입니다.

Ⅲ
칭명염불법

칭명염불

염불법 중에서 가장 쉬운 칭명염불의 방법은 매우 간단합니다. 입으로 '나무아미타불'을 끊임없이 외우면서 아미타불을 생각하면 됩니다. 이것이 칭명염불입니다.

그럼 입으로 '나무아미타불'을 외울 때 어떤 요령으로 외워야 하는가? 이에 대해서는 한가지로 정해진 법도가 따로 없습니다. '나무아미타불'을 입으로 외우라 했다고 하여 반드시 입밖으로 큰 소리가 나와야 하는 것은 아닙니다.

때로는 크게 할 수도 있고, 때로는 작게 할 수도 있으며, 때로는 혼자만의 속삭임처럼 '나무아미타불'을 외울 수도 있습니다. 마음이 답답하거나 다급한 일이 있다면 큰 소리로, 또는 절을 하면서 행할 수도 있습니다.

또한, "큰 소리로 염불을 하면 열 가지 공덕이 있다"는 말을 듣고 일부러 큰 소리로 염불을 하는 불자들도 있습니다. 그러나 공덕의 크고 작음은 마음을 얼마나 잘 모으고 염불하느냐에 달려 있는 것일 뿐, 소리의 크고 작음과는 별 관계가 없습니다.

그리고 때로는 소리를 크게 냄으로써 주위 사람들의 반감을 불러일으키는 경우도 있으므로, 처한 환경에 따라 소리의 강약을 조절하는 것이 좋습니다.

또한 '나무아미타불'을 외우는 염불소리는 끊임없이 이어지도록 하는 것이 최상입니다. 남이 듣는 소리로서가 아니라, '나' 속에서 끊임없이 이어지면 됩니다.

가장 중요한 것은 **내가 입으로 외우는 '나무아미타불' 소리를 내 귀가 듣고 있어야 한다**는 것입니다. 내 염불 소리를 내 귀가 듣고 있으면 아무리 작은 소리로 외워도 상관이 없습니다.

이렇게 내가 외우는 소리를 내 귀로 들으면서 염불을 하면, 마음으로 부처님을 생각하는 것[念佛]이 되고, 부처님의 명호를 온 몸으로 듣는 것이 됩니다. 곧 몸과 말과 마음을 함께 모아 염불할 수 있게 되는 것입니다. 이는 염불에 있어 참으로 중요한 점이니 꼭 기억하시기 바랍니다.

마음 속으로 염불할 때도 마찬가지입니다. 내가 속으로 외우는 염불 소리를 내 귀가 듣도록 마음을 모아야 합니다.

그리고 숨을 내쉴 때만 '나무아미타불'을 외우는 것이 아니라, 숨을 들이쉴 때도 나무아미타불을 외워야 합니다. 밥을 먹을 때도 속으로 나무아미타불을 부르고, 뒷 간에서 볼일을 볼 때도 나무아미타불을 부를 수 있어야 합니다.

깨끗한 곳에서는 염불을 하고, 더럽고 추한 곳에서는 염불을 하지 않는다고 하면 그것은 이미 참된 염불이 아닙니다. 염불은 깨끗하고 더러운 것, 곱고 미운 것, 즐겁고 괴로운 것 등 모든 상대적인 것을 넘어서는 수행법입니다. 그러므로 어디에서나 한결같이, 그리고 꾸준히 '나무아미타불'을 부르는 습관을 들여야 합니다.

물론 염불을 꾸준히 한다는 것은 쉽지가 않습니다. 작심을 하고 법당의 부처님 앞에서 염불을 하는 사람들조차도 한참동안 '나무아미타불'을 외우다가 엉뚱한 생각에 마음을 빼앗겨 '나무아미타불' 부르기를 잊고 멍청하게 있는 이들이 있습니다. 번뇌를 좇아 살아온 중생의 버릇 때문에 이와 같은 일은 얼마든지 일어날 수가 있습니다.

그렇지만 큰 원이 있다면 틈날 때마다 자꾸 염불을 해야 합니다. 자꾸자꾸 염불을 하다보면, 법당에 있을 때나 고요한 곳에서의 '나무아미타불' 염불은 차츰 용이해집니다. 그러나 아직은 법당 밖을 벗어나 일을 하거나 시끄러운 곳에 이르면 '나무아미타불'이 달아나버리는 경우가 많습니다.

이러한 때에 더욱 마음을 다잡아 애를 쓰다보면 고요한 환경에서도 '나무아미타불', 행동을 하거나 시끄러운 환경 속에서도 '나무아미타불'을 염할 수 있는 동정일여動靜一如의 경지를 이룰 수 있습니다.

만약 세속적인 소원을 이루기 위해 염불을 하는 사람이라면 이 동정일여의 경지에만 이르러도 능히 소원을 성취할 수 있습니다. 그러나 염불을 통하여 깨달음의 경지에 이르고자 하는 사람이라면 고요할 때나 움직일 때나 한결같이 염불할 수 있는 차원에 이르러 더욱 열심히 정진해야 합니다.

곧, 동정일여의 경지에 이르렀을지라도 다른 사람과 대화를 하다보면 '나무아미타불'이 달아나버리는 경우가 많습니다. 그러므로 더욱 마음을 다잡아 말을 하면서도 '나무아미타불 '을 염할 수 있도록 해야 하는 것입니다.

이렇게 말을 할 때나 침묵할 때나 '나무아미타불'을 염할 수 있는 어묵일여語默一如의 경지에 이르게 되면, 자나깨나 한결같이 '나무아미타불'을 염하는 오매일여寤寐一如의 경지에도 어렵지 않게 도달할 수 있습니다. 깨어있을 때 뿐만 아니라 코를 골면서도 '나무아미타불', 꿈을 꾸면서도 '나무아미타불', 몸부림을 치면서도 '나무아미타불'을 염할 수 있게 되는 것입니다.

그리고 오매일여의 상태가 계속되면 마침내는 이 목숨이 붙어 있거나 떨어지거나에 상관없이 항상 '나무아미타불'로 가득 채워지는 생사일여生死一如의 경지에 이르러 대해탈을 이루게 된다는 것입니다.

물론 대부분의 불자들은 첫단계인 동정일여의 경지를 체득하는 것조차 쉽지가 않을 것입니다. 그러나 애써 마음을 모아 '나무아미타불'을 염하여 보십시오. 차츰 내 몸이 자리를 잡고 내 마음이 자리를 잡으면서 삼매를 이루게 됩니다.

'나무아미타불.'

정녕 이 염불을 일평생의 다정한 벗으로 삼아 살아간

다면 살아서는 극락같은 삶, 죽어서는 극락의 삶을 누릴 수 있습니다.

또 한가지, **매우 다급한 일이 일어났을 때** 염불을 하는 분께 당부드리고 싶은 것이 있습니다. 그것은 그 일이 다급한 만큼 염불도 열심히 몰아붙이지 않으면 안 된다는 것입니다.

참으로 애가 타고 애간장이 녹아날 것 같은 이라면, 이것저것 생각할 겨를이 없습니다. 그야말로 배고픈 아이가 어머니를 찾듯이, 목마른 이가 물을 찾듯이, 중병을 앓는 이가 용한 의사를 찾듯이 간절한 마음으로 '나무아미타불'을 찾아야 합니다.

적당하고 형식적인 염불로는 안 됩니다. 지극하게 매달려야 합니다. 진한 땀이 흘러나오고 눈물이 쑥 빠지도록 열심히 염하게 되면 아무리 급한 일이라도 채 며칠이 지나지 않아 해결을 볼 수 있게 됩니다. 부디 잘 명심하시기 바랍니다.

염불과 번뇌

이제 칭명염불에 있어 가장 **큰 장애가 되는 번뇌**에 대해 살펴보도록 합시다.

'나무아미타불'을 열심히 부르는 자의 극락왕생과 해탈은 아미타부처님께서 보장을 하고 있습니다. 그러나 우리의 마음밭에서는 번뇌망상이라는 잡초가 쉬임없이 자라나 일념의 염불을 방해합니다. 그 잡초는 일념의 염불을 방해할 뿐 아니라, 우리의 삶에까지 숱한 수난을 던져줍니다. 그러므로 염불을 하는 이에게 있어 번뇌보다 더 방해가 되는 것은 없습니다.

하지만 번뇌망상의 잡초 속에서 염불해야 하는 슬픔의 책임을 잡초에게만 전가할 수는 없습니다. 왜냐하면 번뇌망상의 잡초가 자라는 것은 잡초의 속성일 뿐, 잡초의 허물이 아니기 때문입니다. 오히려 허물은 우리에게 있습니다. 그 잡초가 무성히 자라도록 방치했던 자가 누구입니까? 바로 우리들 자신이 아닙니까?

그러므로 염불을 할 때 일어나는 번뇌의 잡초 때문에 고민을 할 것이 아니라, 그 잡초의 정체를 올바로 파악하여 염불수행의 밑거름으로 삼아야 합니다. 그럼 잡초를 수행의 밑거름으로 바꾸기 위해서는 어떻게 해야 하는가?

무엇보다 먼저 호미와 낫을 들고 마음밭에 뛰어들어야 합니다. 그 호미와 낫은 곧 '나무아미타불'입니다. 바로 '나무아미타불'의 염불을 연장으로 삼아 현재의 황폐한 마음밭에 뛰어들어 잡초를 제거하는 것입니다.

하나의 번뇌가 자라나면 나무아미타불에 집중하여 번뇌를 제거하고, 또다시 번뇌의 잡초가 보이면 '나무아미타불'로 잡초를 없애어 나가는 것입니다. 그렇게 번뇌가 일어나고 보일 때마다 '나무아미타불'의 염불로써 다스리다보면 차츰 번뇌의 잡초는 마음밭에서 사라지게 됩니다.

아울러 제거한 잡초들을 거름으로 사용하면, 염불수행을 방해하던 잡초가 오히려 밑거름이 되어, 마음밭에 심은 깨달음의 나무를 더욱 잘 자라게 만들 수 있습니다. 곧 우리가 '나무아미타불'의 염불로써 연장을 삼아 번뇌망상의 잡초들을 제거해 나가면 잡초들 스스로가 염불삼매의 나무를 잘 자랄 수 있도록 하는 밑거름 역할을 하게 되는 것입니다.

그런데 묘하게도 염불을 하는 불자들 중 많은 이들이 잡초를 제거하여 거름으로 사용하기보다는 번뇌망상이 일어나는 그 자체부터 두려워합니다.

"번뇌 때문에 제대로 염불을 할 수가 없다."
"이렇게 번뇌에 시달리며 염불을 하여서야 무슨 이득
이 있을까?"
"이 번뇌를 없애는 좋은 방법이 없을까?"

이렇게 염불을 하다가 번뇌가 일어나면 번뇌로 인한
걱정, 번뇌를 없앨 방법을 찾는 이들이 많습니다. 그러
나 다른 방법을 찾는 것 또한 번뇌요, 번뇌에 대해 걱정
하는 것 또한 다른 유형의 번뇌일 뿐입니다.

그러므로 번뇌가 일어날 때는 정면돌파를 하는 수밖
에 없습니다. '나무아미타불'을 염하다가 번뇌망상의 잡
초가 자라나면 오직 '나무아미타불'을 호미와 낫으로 삼
아 잡초를 제거해야 합니다. 번뇌에 관심을 기울이거나
번뇌를 좇아가지 말고, 번뇌가 일어났음을 느끼는 순간
다시 '나무아미타불'에 집중하면 됩니다.

그렇게 '나무아미타불'로 마음을 모으면 번뇌의 잡초
는 저절로 제거되고, 잡초가 거름의 역할을 하여 차츰
마음을 모으는 집중력이 강해지게 되면, 번뇌의 잡초가

얼마나 염불수행을 도왔는가를 알 수 있게 됩니다.

모름지기 염불을 하는 불자들은 번뇌가 일어나는 것을 걱정하기보다는, 번뇌가 일어났다는 것을 깨닫지 못한 채 번뇌를 좇아가는 것을 두려워해야 합니다. 그리고 번뇌가 일어났음을 깨달았으면 그 번뇌에 신경을 쓰지 말고 다시 염불에 마음을 쏟으면 그만입니다.

스스로 일어났다가 저절로 사라지게끔 되어 있는 번뇌에 집착하여 염불을 놓아버리고 번뇌를 좇아가는 것보다 더 큰 어리석음은 없을 것입니다.

더욱이 우리 중생들은 다생다겁을 번뇌망상과 벗하며 살아왔기 때문에, 짧은 시간 안에 번뇌를 완전히 잠재운다는 것은 결코 쉽게 되는 일이 아닙니다. 그러므로 일어나는 번뇌에 집착하지 말고 느긋한 마음으로 '나무아미타불'을 염하여야 합니다.

또 한 가지, 염불을 하는 불자들이 주의해야 할 사항은 너무 **속성취速成就를 바라지 말라**는 것입니다.

우리 불자들 중에는 얼마 동안 염불을 하다가 뜻하는 바가 이루어지지 않으면 아미타불의 가피가 내리지 않는다며 불평을 하거나, 영험이 없다고 하는 이들이 더러 있습니다. 그리고는 지조를 바꾸어 또 다른 수행을 하거나 불교를 떠나는 사람까지 있습니다.

하지만 바라는대로 이루어지지 않는다고 하여 그동안 해왔던 염불을 버려서는 안됩니다. 왜냐하면 '나'의 업과 인연에 따라 부처님의 가피가 빨리 미치고 늦게 미치는 것일 뿐, 언젠가 가피를 입게 되는 것은 틀림이 없기 때문입니다. 왜 틀림이 없는가? 중생구제가 부처님의 근본 서원이기 때문입니다.

둥근 해가 바다에서 떠오르면 어느 곳부터 먼저 비추게 됩니까? 높은 산봉우리부터 먼저 비춥니다. 그리고 산봉우리를 비춘 해는 차츰 낮은 곳을 비추고, 시각을 따라 음지요 골짜기였던 곳까지 차례로 비추어 줍니다. 이처럼 태양과 같은 부처님도 인연이 숙성한 중생부터 제도하여 염불하는 중생을 차례로 제도하는 것입니다.

그러므로 염불을 하는 불자들은 결코 조급해 하지 말고 '나무아미타불'을 염하여야 합니다. 염불의 결실은 시절인연時節因緣 따라 틀림없이 깃들게 됩니다. 오히려 조급증은 큰 애착을 길러 큰 착오를 불러일으킬 수 있습니다.

느긋한 마음으로, 모든 것을 아미타불께 맡기고 한평생 부처님을 생각하며 살겠다는 마음가짐으로 염불해

보십시오. 틀림없이 아미타불의 가피가 우리와 함께 하고, 아미타불을 외우는 그 염불이 삼매를 이루게 되면 크나큰 깨달음의 문도 열리게 됩니다.

오회염불법

이제 칭명염불의 한 방법으로서 우리 불자들에게 꼭 알려주고 싶은 오회염불법에 대해 함께 살펴보고자 합니다.

오회염불五會念佛은 다섯 회로 구분지어 부르는 염불, 곧 속도와 음의 높이를 다섯 가지 다른 유형으로 묶어 아미타부처님의 명호를 끊임없이 부르는 매우 음악적인 염불법입니다.

이 염불법을 최초로 유포시킨 분은 700년대 후반에 미타신앙을 깊이 신봉하였던 중국 당나라의 법조法照스님입니다. 법조스님은 이 오회염불법을 아미타불로부터 직접 전수받았다고 하는데, 『정토오회염불송경관행의』에는 그때의 감동적인 이야기가 수록되어 있습니다.

법조스님의 생몰연대나 출가 전의 삶에 대해서는 거의 알려져 있지 않습니다. 출가 후에는 지금의 강소성江蘇省 지역에 해당하는 오吳나라 동쪽지방으로 가서 공부를 한 다음, 여산 백련사에서 만일염불결사를 행하였던 혜원慧遠 스님을 깊이 존경하여 여산으로 들어가 염불수행을 시작하였습니다. 그 뒤 남악 형산衡山에 계신 승원承遠 스님을 찾아가 스승으로 삼고 정토법문을 전수받았습니다.

766년 4월 15일, 법조스님은 남악의 미타사彌陀寺에서 부처님의 현전을 바라는 90일 동안의 반주도량결사般舟道場結社에 참여하여 원을 세웠습니다.

"오직 보리菩提를 구하고 중생을 교화할 뿐, 다른 것을 구하는 바 없이 한 생을 살겠나이다."

그리고 염불삼매를 닦는 반주도량에 들어가 하루하루를 경건하고도 정성스런 마음으로 용맹정진하였습니다. 제 14일째 되는 날 밤, 법조스님은 미타사의 동북쪽에 있는 미타대彌陀臺에서 정진하다가 느낀 바가 있어, 스스로 깊이 탄식을 하며 생각에 잠겼습니다.

'지금 이 시간에도 시방세계의 모든 부처님과 정토에

계신 모든 보살들이 최상의 깊고 묘한 법문을 설하고 계실 뿐 아니라, 크나큰 신통력으로 무량한 중생을 제도하고 계신다. 그러나 나는 악업惡業과 죄장罪障이 깊고 무거워 이러한 사실을 미처 깨닫지 못하였다. 내가 이를 깨닫지 못하였거늘 어찌 성인들 사이에 들어갈 수 있겠으며 무량한 중생을 제도할 수 있겠는가.'

스님은 이러한 생각을 하다가 자신도 모르게 슬피 울면서 염불하였습니다. 그런데 홀연히 한 경계가 열리더니, 도량의 집들은 보이지 않고 오색의 구름대만이 가득한 것이었습니다.

잠깐 사이에 법조스님은 아미타불이 계신 곳에 이르러 아미타불께 예배를 올렸습니다. 그러자 아미타부처님께서는 환한 미소를 지으며 말씀하셨습니다.

"너의 마음은 참으로 진실하구나. 나는 네가 자기의 이익을 위해서가 아니라 다른 사람들을 위해서 왔다는 것을 안다. 능히 그러한 원을 발하였으니 착하고 착하도다. 나에게 값으로 따질 수 없는 보배로운 묘법妙法이 있으니, 지금 이것을 너에게 부촉하려 하노라. 이 법을 네가 사는 염부제閻浮提에 널리 유포하여 천인과 무량한 중생들을 이익되게 하여라. 이 보배로운 법을 만나면 누구나 다 이익을 얻게 되느니라."

"어떤 묘한 법이오니까? 오직 원하옵니다, 설하여 주옵소서. 오직 원하옵니다, 설하여 주옵소서."

법조스님이 거듭거듭 청하자 아미타부처님께서 말씀하셨습니다.

"값으로 따질 수 없는 보배로운 묘법은 바로 오회염불법문五會念佛法門이니라. 이 염불법문으로 저 혼탁하고 악한 세상을 바르게 부흥시켜라. 오회염불법은 지금과 같은 말법시대 중생의 근기에 맞을 뿐 아니라 그들을 능히 감득시킬 수 있나니, 이 염불을 잠시 듣고서 생각하면 모두 다 발심을 할 것이니라."

이어 아미타부처님께서는 오회염불의 근거와 공덕을 일러주셨습니다.

"네가 본 『무량수경』에, 극락의 칠보수七寶樹는 '맑은 바람이 불어오면 다섯 가지 음악소리가 나온다淸風時發出五音聲'는 구절이 있나니, 그 다섯 가지 음악소리[五音聲]가 바로 오회불성五會佛聲이니라. 이러한 인연이 있기 때문에 너희가 오회염불법에 따라 아미타불의 명호를 부르게 되면, 그 과보로 모두가 나의 국토에 태어나게 되느니라.

또한 미래의 일체중생이 오회염불을 만나게 되면,

· 가난하고 고통스러운 것이 다 제거되고〔貧苦皆除〕

· 아플 때 약을 얻는 것과 같고〔如病得藥〕

· 목마를 때 물을 얻는 것과 같고〔如渴得水〕

· 굶주릴 때 밥을 얻는 것과 같고〔如飢得食〕

· 벗은 몸이 옷을 얻는 것과 같고〔如裸得依〕

· 어두운 곳에서 밝음을 만난 것과 같고〔如闇遇明〕

· 바다를 건너려 할 때 배를 만나는 것과 같고〔如過海 得船〕

· 보물창고를 만난 것과 같아서〔如愚寶藏〕

반드시 안락을 얻게 되느니라.

왜냐하면 저 모든 중생들이 이 보배로운 법을 만나 능히 염불하면, 이 생에서 반드시 고해苦海를 뛰어넘어 물러남이 없는 불퇴전의 경지를 증득하고, 속히 육바라밀과 일체종지를 갖추어 성불함으로써 수승한 쾌락을 얻게 되느니라."

이렇게 아미타부처님으로부터 오회염불법을 배운 법조스님은 그후 일생동안 오회염불법을 널리 전파하며 일생을 보냈습니다.

8

아미타부처님께서 말세중생의 구원과 해탈을 위해 일러주신 이 오회염불법은 낮고 높은 음, 느리고 빠른 음으로 소리를 조절하여 '나무아미타불' 또는 '아미타불'을 외우는 염불, 곧 염불노래입니다. 5회로 구분되어 있는 그 노래방법은 다음과 같습니다.

第1회 : '나무아미타불' 을 천천히 낮은 음성으로 노래한다.

第2회 : '나무아미타불' 을 천천히 약간 높고 맑은 음성으로 노래한다.

第3회 : '나무아미타불' 을 느리지도 급하지도 않게 끊임없이 노래한다.

第4회 : '나무아미타불' 을 점점 급하게 부르되 중요한 부분에 힘을 넣어 노래한다.

第5회 : '아미타불' 네 글자만을 앞뒤 간격없이 더욱 빠르게 노래한다.

이렇게 소리의 높낮이와 느리고 급한 빠르기, 리드미컬한 음률까지 붙여 염불을 하게 되면 잡념의 제거는 물론이요 깊은 감격과 환희를 만끽할 수 있게 됩니다. 기회가 주어지면 꼭 이 오회염불을 해 보도록 하십시오.

현재 우리나라에서는 이 오회염불법이 별로 행하여지지 않고 있지만, 중국에서는 법조스님 이래 꾸준히 전승되면서 수많은 이들이 가피를 입었으며, 오늘날 중국을 여행해 보면 불교 성지 어디에서나 흘러나오는 오회염불의 소리를 들을 수 있습니다. '나무아미타불' 뿐만이 아니라, '나무관세음보살', '나무지장왕보살'의 오회염불 노래도 널리 접할 수 있습니다.

여러 번의 중국여행을 통하여 그 노래를 들을 때마다, '아! 중국불교는 깊은 저력이 있구나'하는 생각을 했습니다. 종교의 자유가 없었고 문화혁명으로 짓밟혔던 중국불교가 무섭게 살아나고 있음을 느꼈습니다.

음악에 관심 있는 분은 '오회염불을 꼭 우리나라 불자들에게 보급해야지'하는 원도 세워보십시오. 신행생활을 하는 불자는 물론이요, 임종을 맞는 분들께도 들려드리고, 영가천도 등에도 꼭 필요한 이 오회염불이 전국 방방곡곡에 울려퍼진다면 극락정토와 이 땅은 더욱 가까워질 수 있을 것입니다. 그 날을 두손 모아 기다립니다.

이제까지 우리는 칭명염불에 대해 살펴보았습니다.

'나무아미타불'을 외우는 칭명염불! 이 칭명염불의 특

징은 끊임없는 반복입니다. 옛날 정토신앙에 심취했던 큰스님들처럼 하루종일 십만 번을 외운다면 더 말할 나위가 없겠지만, 하루에 만 번이라도 좋고 단 천 번이라도 좋습니다. 정녕 능력껏 형편껏 '나무아미타불'을 염하여 보십시오.

그리고 '나무아미타불'을 손으로 쓰면서 입으로 '나무아미타불'을 외우는 명호사경도 좋은 방법입니다. 이렇게 하며 아미타불의 무량한 빛을 받기를 꾸준히 이어가면, 차츰 '나'의 몸에서도 빛이 나게 되고, 모든 고난이 사라진 행복의 극락세계가 눈앞에 펼쳐지게 됩니다.

어찌 부처님께서 중생을 속이겠습니까? 마음을 다잡고 지성으로 염불하시기 바라면서, 이제 평소에 불교신행연구원으로 기도법 등을 물어오는 불자들로부터 느낀 한 가지 문제점에 대해 이야기하고자 합니다.

염불 후에는 축원을

기도법을 묻는 불자들께 '현재 어떻게 기도를 하고 있

습니까?'하고 되물으면, 대부분이 참으로 열심히 하고 있다는 것을 알 수 있습니다. 시간적으로는 약 2시간 가량을 하고, 천수경부터 시작하여 108배, 금강경, 지장경, 그리고 불보살의 명호나 진언 등을 차례로 외운다고 합니다. 오히려 너무 많은 것을 하고 있다는 생각이 들 정도로 좋고 영험있는 것은 모두 수용하고 있는 듯했습니다.

그런데 참으로 묘하게도 '기도를 시작할 때와 끝맺음할 때 어떻게 합니까?'하고 물으면 제대로 대답을 하는 분이 적습니다. 그냥 한다는 분이 대부분입니다. 물론 기도는 정성이요 부처님의 가피 또한 크다고 하지만, 그 기도가 법에 맞으면 더욱 **빠른** 성취를 이룰 수 있습니다.

먼저 기도를 시작할 때 3배를 올리고 삼귀의를 하면서 삼보에 대해 감사를 하십시오. '**부처님, 감사합니다. 불법승 삼보를 잘 받들며 살겠습니다.**' 이렇게 속으로 세 번 염하면 됩니다.

두 번째는 참회하십시오. 복잡하게 할 것도 없습니다. '**잘못했습니다, 잘못했습니다, 잘못했습니다**'를 세 번 외우면서 간곡한 마음으로 무조건 참회하면 됩니다.

그리고 그 다음에 정한 기도법에 따라 마음을 모아 기

도하시고, 마지막에는 꼭 축원祝願을 하십시오. '나' 자신을 위한 축원도 좋고 가족 한사람 한사람에 대한 축원도 좋고, 하는 일, 사업체, 이웃에 대한 축원이라도 좋습니다. 축원의 양이 많아도 상관 없습니다.

하나하나의 축원을 세 번씩 염하면서 축원을 하되 꼭 관상觀想을 할 것을 당부드립니다. 곧 불보살의 자비광명이 축원하는 대상에게 임하는 것을 그리면서 축원하라는 것입니다. (물론 다급한 기도라면 처음도 끝도 가릴 것 없이 한결같이 그것만 관상을 하며 기도하게 되겠지만….)

이렇게 개인적인 축원을 모두 끝내고 나면 마지막으로 일체중생을 위한 축원을 해주십시오.

"법계의 중생이 모두 성불하여지이다."

"일체중생과 이 대우주법계에 부처님의 자비와 지혜와 행복이 충만하여지이다."

"모든 중생이 극락왕생하여 무상보리를 이루어지이다."

이상의 축원대로 하지 않아도 좋으니, 꼭 일체중생의 행복을 기원하는 축원을 하십시오. 그 축원이야말로 우리를 보다 큰 깨달음으로 인도하고 보다 큰 행복이 '나'에게 깃들게 합니다.

축원! 이것은 염불수행에도 기도에도 꼭 필요한 것입니다. 우리는 참되이 염불하고 참되이 기도하는 불자가 되어야 합니다. 아미타불 등의 불보살께 의지하여 삼독의 불꽃을 잠재우고, 은밀히 빛을 돌이켜 무량한 빛과 무량한 수명을 지닌 자기 부처를 찾아야 합니다.

마음으로 부처님을 생각하면서, 우리의 마음속에 극락세계를 건설하고 그 마음을 무량한 수명과 무량한 빛의 아미타불로 바꾸어 가야 합니다. 그렇게 할 때 극락에 계신 아미타불은 그 어떤 부처님보다 기뻐할 것입니다. 그리고 장구한 세월을 통해서 이룩한 극락마저도 송두리째 선사할 것입니다.

시간과 공간이 일치하는 지금 이 자리에서 일심으로 염불하는 자! 그에게는 극락이 다가와서 펼쳐집니다. 그에게는 극락이 이미 와 있기에 어디에서나 극락을 볼 수 있고, 어느 때에나 극락의 행복을 누릴 수 있습니다.

부디 모든 불자들이 염불 잘 하고 축원 잘 하여, 부처님의 가피를 듬뿍 입게 되기를 두손 모아 축원드립니다.

나무법계장신아미타불.

제3장
임종·천도와 미타신앙

I
임종과 염불

십념왕생十念往生

아미타불의 48원願중 제18원인 십념왕생원十念往生願
을 『무량수경』에서는 다음과 같이 설하고 있습니다.

지극한 신심과 환희심으로 나의 세계에 태어나고
자 하는 이 가운데 십념十念을 하고도 태어날 수가
없다면 나는 부처가 되지 않으리.

이 구절은 그 누구 할 것 없이, 극락세계에 태어나기를
원하는 이가 지극한 마음으로 십념十念만 하면 왕생을
할 수 있음을 보장한다는 아미타부처님의 선언입니다.

그런데 이 구절에서 문제가 되는 것은 '십념'이라는 글자에 대한 해석입니다. 곧 십념十念을 '열 번 생각한다'로도 받아들일 수 있고, '열 번 나무아미타불을 염불한다'는 뜻으로도 풀이할 수가 있습니다.

다행히 이러한 혼돈은 『관무량수경』에서 풀어주고 있습니다. 『관무량수경』에서는 십념의 내용을 다음과 같이 명확하게 설하고 있습니다.

> 만약 목숨을 마칠 때 부처님을 생각할 수 없으면 아미타불을 부를지니라. 지극한 마음으로 소리가 끊어지지 않게 하여 '나무아미타불' 십념十念을 구족하여 부르게 되면, 생각 생각 가운데 팔십억겁 생사의 죄를 소멸하게 되느니라. 또한 목숨을 마치게 될 때 태양과 같은 황금의 연꽃이 그 사람 앞에 머물러 있는 것을 보게 되고, 한 생각 사이에 곧바로 극락왕생 하느니라.

이 말씀은 '나무아미타불'을 열 번만이라도 지극한 마음으로 부르면 80억겁 동안 범한 생사의 죄업을 소멸하여 극락왕생 한다는 것입니다. 단 열 번의 염불을 통한 극락왕생! 그것은 중생의 상식을 넘어선 파격적인 왕생 법입니다.

그래서 많은 불자들이 십념왕생十念往生에 대해 도리어 의심을 일으킵니다. 이 의심은 오늘날의 불자만이 일으키는 것이 아닙니다. 옛사람들도 같은 의심을 많이 가졌기에, 신라의 원효元曉 스님은 『유심안락도 遊心安樂道』를 저술하면서 문답식으로 자상하게 설명을 하셨습니다.

문 : 중생의 악업은 매우 무겁기 때문에 능히 정토에 왕생하는 것을 막습니다. 그리고 작은 선행善行으로는 그 업장을 없애지 못한다고 합니다. 그런데 무슨 까닭으로 관무량수경에서는 '임종할 때의 십념十念만으로도 왕생함을 얻는다' 고 하였습니까?
답 : 마음은 이 업業의 주인이요 새로운 생生의 근본이 된다. 특히 임종할 때의 마음은 마치 눈과 같아서, 능히 모든 업을 이끌게 되는 것이다. 그러므로 임종할 때의 마음이 악하면 능히 모든 악업을 이끌게 되고, 임종할 때의 마음이 착한 사람은 능히 모든 선업善業을 이끌게 된다. 마치 용이 가는 곳에 구름이 모

이는 것과 같나니, 마음이 서방 극락으로 향하면 업도 또한 따르게 되는 것이다.

문 : 하지만 중생의 죄업이 산처럼 많이 쌓였거늘 어떻게 십념만으로 그러한 악업을 없앨 수 있는지? '나무아미타불'을 백천만번 외울지라도 오히려 악업을 소멸시키기에는 모자랄 것입니다. 정녕 악업을 없애지 못하면 어떻게 극락에 왕생할 수 있겠습니까?

답 : 여기에는 세 가지 뜻이 있다.

첫째, 임종할 때 바른 생각을 지니는 사람은 그 마음이 아득한 과거로부터 지은 착한 업 또는 일생동안 지은 착한 업이 모두 함께 도우게 되므로 능히 왕생을 할 수 있게 되는 것이다.

둘째, 모든 부처님의 명호는 모든 덕〔萬德〕을 갖추고 있기 때문에 일념一念으로 염불을 하면 그 일념 가운데 부처님의 만덕을 다 갖추게 된다. 곧 죄업과 악업을 멸하게 되니 왕생을 막지 못하며, 죄업을 다 없애었거늘 무엇에 얽매일 것인가. 그러므로 『관무량수경』의 하품왕생에서 이르기를, '부처님의 명호를 부르기 때문에 생각 생각 가운데 팔십억겁의 지은 죄를 없앤다'고 한 것이다.

셋째, 시작이 없는 악업은 망심妄心을 좇아 생겨나고 염불하는 공덕은 진심眞心을 좇아 일어나느니라. 진심은 해와 같고 망심은 어둠과 같나니, 참다운 진심이 잠깐 일어나면 헛된 망심은 사라져 버린다. 마치 해가 뜨기 시작하면 모든 어둠이 다 사라지는 것과 같다.

이상의 세 가지 뜻으로 말미암아 임종시에 십념을 성취하는 자는 결정코 왕생할 수 있게 되는 것이다.

원효스님은 이상과 같은 말씀으로 임종시의 십념왕생에 대해 회의를 느끼는 이들의 의심을 명쾌하게 풀어주셨습니다. 특히 임종 때의 마음이 새로운 탄생의 근본이 된다는 가르침, 임종할 때의 바른 한 생각이 과거에 지은 선업들을 모두 이끌어 왕생할 수 있게 만든다는 가르침은 깊이깊이 명심해야 할 것입니다.

전심회향염불專心廻向念佛

해가 뜨면 어둠이 일순간에 사라지듯, 단 열 번이라도 온 마음을 다 바쳐 일념으로 염불을 하면 악업의 어둠을 능히 소멸시켜 무량한 수명과 무량한 광명의 아미타부처님 세계에 태어나게 합니다. 이 얼마나 쉬운 업장소멸의 방법이며 극락왕생의 방법입니까! 알게 모르게 지은 악업 때문에 지옥·아귀·축생 등의 나쁜 과보를 받아야 할 중생이 단 열 번의 '나무아미타불' 염불로 극락왕생을 할 수 있다니….

실제로 이러한 영험담은 불교집안에 많이 전해지고 있습니다. 그 중 두 편을 소개하겠습니다.

❀

당나라 성도城都에는 웅준雄俊이라는 스님이 있었습니다. 이 스님은 유창한 말솜씨로 강설하여 신도들을 사로잡았지만 계율을 잘 지키지 않았습니다. 시주를 받으면 법답게 사용하지 않고 착복하였으며, 사소한 거짓말에다 주색酒色도 마다하지 않았습니다.

마침내 타락한 웅준은 환속하였고, 군대에 들어가 거침없이 살육의 죄를 범하였습니다. 그리고 '안록산安祿

山의 난'에 참여하였다가 반란죄를 범하고 만 그는 수배령을 피해 산사山寺로 들어가서 승려로 위장했습니다.

몇 년 후인 770년경, 웅준은 죽어 염라대왕을 만났고, 그의 죄상을 낱낱이 살핀 염라대왕은 판결을 내렸습니다.

"세간에서 잘못한 사람도 출가를 하면 참회하고 선업을 닦거늘, 스님의 신분으로 많은 허물을 짓고 환속하여서도 극악한 죄를 지었으니, 어떻게 재고해 볼 가치조차 없도다. 저 놈을 당장 지옥으로 보내라."

그러자 웅준이 소리 높여 말했습니다.

"제가 만약 지옥으로 간다면 삼세의 모든 부처님께서 거짓말을 하신 것이 됩니다. 『관무량수경』에서는 '비록 오역죄五逆罪를 지은 자라 할지라도 임종할 때 십념을 하면 하품하생下品下生의 연화대에 왕생할 수 있다'고 하였습니다. 이 몸이 비록 죄를 많이 짓기는 하였으나 오역죄를 범하지도 않았고, 염불한 것으로 말하면 헤아릴 수 없이 많이 하였습니다."

말을 마치자 연화대가 눈앞에 나타났고, 웅준은 그 연화대를 타고 서방정토에 왕생하였습니다.

소 잡는 것을 업으로 삼고 살았던 장선화張善和라는 백정이 있었습니다. 살아 생전 그는 조그마한 죄의식도 없이 무수히 많은 소를 죽였습니다. 그런데 임종 때가 되자, 소 수백 마리가 나타나 험상궂은 표정을 지으며 사람의 소리로 말을 하는 것이었습니다.

"네놈이 우리들을 죽였지. 이놈! 이제 네가 당할 차례다. 죽음의 고통이 어떤지 맛을 보아라. 우리가 네놈을 죽이고 또 죽일 것이다."

장선화는 크게 공포심을 느껴 아내에게 말했습니다.

"급히 스님을 청하여 나를 구해주오."

아내는 허겁지겁 달려가 스님을 모셔왔고, 스님은 장선화에게 오직 한 구절의 가르침을 내렸습니다.

"『관무량수경』에서 말하기를, '만약 사람이 임종할 때 지옥상地獄相이 나타날지라도 지극한 마음으로 나무아미타불을 열 번 염하여 부르면 즉시 정토에 왕생한다'고 하였습니다."

너무나 다급했던 장선화는 향로를 찾을 겨를도 없이 왼손으로 불을 잡고 오른손으로 향을 잡아 서쪽을 향해 전심專心으로 간절하게 염불하였습니다. 그리고 잠시

후, 장선화는 말했습니다.

"아! 서쪽에서 오신 아미타불께서 나와 함께 보좌寶座에 앉아 계시는 것이 보이는구나."

이 말을 마치고 백정 장선화는 평화스런 모습으로 숨을 거두었습니다.

§

이상의 이야기에서처럼 살생의 업을 많이 지은 사람, 파계를 한 사람, 병으로 신음하며 죽어가는 사람, 원한 맺힌 귀신에 시달리는 사람 등등, 업보 때문에 불행한 임종을 맞이하는 사람들이 '나무아미타불'을 염하게 되면 능히 평안을 얻고 아미타불의 영접을 받으며 극락에 왕생할 수 있습니다.

그럼 평소에 염불정진을 잘 한 사람과 임종시에만 염불한 사람과는 어떤 차이가 있는가?

임종의 순간에만 염불하는 사람은 구품연화대 중 가장 못한 하품하생의 연화대 속에 태어나 12대겁 동안 더 도를 닦아야 하는 것이 평소에 염불하며 도를 닦은 이의 왕생과 다른 점입니다. 곧 평소에 염불정진을 꾸준히 한 사람은 무려 12대겁이라는 시간을 단축하여 깨달음에 이를 수 있는 것입니다.

하지만 임종할 때의 십념염불 공덕으로 태어나는 이 하품하생의 연화대 또한 극락세계입니다. 여기에만 태어나도 더 이상의 퇴보도 타락도 불행도 있을 수 없습니다. 오히려 관세음보살과 대세지보살께서 설하시는 참회법문을 듣고 차츰 깨달음을 이루어 상품상생上品上生의 연화대로 나아가게 됩니다. 그러므로 임종 때의 염불은 꼭 행하여야 합니다.

이제 다시 한번 정리해 봅시다. 어떻게 단 십념+念만으로 극락왕생이 가능할 수 있는가? 그 까닭은 크게 두 가지로 풀어볼 수 있습니다.

첫째는 모든 덕을 갖춘 아미타부처님의 근본서원력 때문입니다. 무량한 빛과 무량한 수명 그 자체인 아미타불께서 스스로 대자비의 서원을 발하여, 그 서원의 힘으로 임종 전에 십념염불을 행하는 중생을 극락으로 영접하는 것입니다.

둘째는 임종직전의 중생이 스스로 갖게 되는 전심회향專心廻向의 덕분입니다. 목숨이 끊어지기 직전의 마지막 온 마음을 기울여 극락으로 돌아가고자 하면, 숨이 다한 후의 영혼은 마지막 결심을 따라 나아가게 되는 것입니다.

정녕 아미타불의 근본서원력과 '나'의 전심회향이 일치하게 되면 틀림없이 극락왕생이 보장됩니다. 그러나 온 마음을 다 쏟는 전심회향염불이 되지 못하면 업을 따라 극락이 아닌 다른 세계로 나아가게 됩니다. 그래서 우리 불교집안에서는 임종 전의 사람에게 지극한 마음으로 '나무아미타불'을 외울 것을 권하고, 숨이 끊어진 뒤에도 남은 사람들이 계속 '나무아미타불'을 불러주고 있습니다.

이때의 염불은 발원이요 축원입니다. 다시 태어나되 극락에 태어나겠다는 발원이요, 떠나되 행복의 나라인 극락으로 가라는 축원입니다. 이제 우리 불자들이 세상을 하직하는 이를 앞에 두고 구체적으로 행하여야 할 염불천도의식에 대해 함께 살펴보도록 합시다.

Ⅱ
천도의 방법

왕생과 천도

세상을 하직하는 이를 위한 천도의식은 망인亡人으로 하여금 고통의 세계를 벗어나 행복의 세계로 나아갈 수 있도록 돕는 의식입니다. 그러나 저 세상으로 떠나야 할 사람이 이 세상에 대한 애착이 지나치거나, 보내는 사람이 이별의 슬픔에 빠져 망령되이 행동하게 되면 올바른 천도를 할 수 없게 됩니다.

그러므로 떠나는 사람이나 보내는 사람이 미리 마음의 준비를 하고 발원과 축원을 하지 않으면 안됩니다. 이제 떠나는 사람을 가장 좋은 세상인 극락세계로 갈 수 있도록 하기 위해 예로부터 불교집안에서 행하였던 방법을 종합하여 살펴보고자 합니다. 여기에서는 죽음에 다다른 사람을 '떠나는 이', 옆에서 임종을 지켜보는 가족 등을 '보내는 이'로 통일하여 이야기하겠습니다.

① 떠나는 이의 방에 아미타삼존불 또는 아미타불의 그림이나 사진 등을 서쪽 벽에 모시고 그 앞에 향을 피웁니다. 만약 그림이나 사진을 구할 수 없으면 크게 '나무아미타불' 글씨를 써서 모셔도 좋고, 그것마저 할 수 없으면 그냥 서쪽을 향해 염불을 하면 됩니다.

② 떠나는 이는 모름지기 염불에만 몰두해야 합니다. 이 세상에서 못다한 일이나 집안 일에 대한 생각을 모두 놓아버리고, 오직 극락왕생만을 발원하며 일심으로 염불해야 합니다. 중병에 시달리고 있을지라도 죽음을 두려워하지 말고 '나무아미타불'을 염하십시오.

이 법계에 가득한 모든 존재는 생명의 기운으로 살아가고 있습니다. 그 누구도 죽음의 기운으로 살지 않습니다. 오히려 죽음도 생명의 한 흐름일 뿐입니다. 새로운 생명력을 얻기 위한 한 과정으로 죽음이 있을 뿐입니다. 더욱이 염불은 생명의 기운을 충족시켜 주는 최상의 방

편입니다. 아미타부처님과 함께 하면 그 죽음은 어둠이
아니라 무한한 생명력과 빛으로 바뀝니다.

그러므로 죽음을 두려워할 필요가 없습니다. 오직 정
성을 다해 염불을 하면 됩니다. 정성껏 염불을 하다가
떠나게 되면 반드시 극락왕생할 것이요, 죽을 때가 이르
지 않았으면 업장이 소멸되어 오히려 병이 나을 것입니
다. 그냥 모든 것을 아미타불께 맡기고 온 마음을 기울
여 염불을 하게 되면, 살아남으나 죽으나 행복과 광명
속에 있게 됩니다.

③ 떠나는 이의 염불할 때의 몸가짐은 몸의 상태에 따
라 하면 됩니다. 마지막 기운이 동하여 앉아서 아미타불
의 영접을 받기를 원하는 분은 서쪽을 향해 앉아도 좋
고, 기력이 미치지 못하면 누운 채 염불을 하면 됩니다.
아미타불의 명호를 부를 기력조차 없다면 아미타불의
모습을 떠올리는 관상觀想만 하여도 됩니다.

④ 떠나는 이를 보내는 가족·친족 등은 떠나는 이가 편
안히 마음을 잘 모을 수 있도록 해주는 것이 가장 중요
합니다. 이 세상에 대한 미련, 인간적인 애착에 휩싸이

게 하여서는 안됩니다. 만약 떠날 때 한을 지녀 잘 떠나지 못하면, 그야말로 떠돌아다니는 외로운 혼이 되고 맙니다.

그러므로 보내는 이들은 애정에 못이겨 슬픈 기색을 보이거나 눈물을 보이지 말아야 하고, 세속의 잡된 일을 논하여서도 안됩니다. 떠나는 이가 오로지 정념正念 속에 있을 수 있도록, '뒷일은 우리에게 맡기고 극락왕생을 발원하며 정성껏 나무아미타불'을 외울 것을 권하고, 나무아미타불을 함께 불러주거나 염불 테이프 등을 들려주도록 해야 합니다.

특히 주의할 것은 떠나는 이의 의식이 끊어진 것을 확인하고 곧바로 통곡을 하거나 손발을 거두거나 자리를 움직이지 말라는 것입니다. 적어도 세 시간, 길게는 여덟 시간 가량 그대로 모셔두고 염불을 해 드려야 합니다. 이는 신식神識이 완전히 몸을 빠져나가 몸이 차가워지는 데까지 걸리는 시각을 이야기한 것입니다.

바로 이 때 보내는 이가 떠나는 이의 뒤를 이어 정성껏 염불을 하면서 명복을 빌면, 부처님의 근본서원력으로 망인이 극락세계로 직행을 할 수 있습니다. 정녕 사후에 거창한 재齋를 지내면서 잘 하는 것도 중요하지만,

임종의 순간에 잘 하면 더욱 좋은 결과를 얻을 수 있으니, 슬픔에 빠지거나 당황하지 말고 잘 처신하시기 바랍니다.

⑤ 또 한가지, '나무아미타불'과 함께 극락왕생의 진언인 광명진언光明眞言을 임종의 순간에 외우는 것도 매우 좋습니다.

옴 아모가 바이로차나 마하무드라
마니 파드마 즈바라 프라바르타야 훔

29글자로 이루어진 이 광명진언은 부처님의 한량없는 자비와 지혜의 힘으로 극락에 왕생하게 하는 신령스러운 힘을 지니고 있습니다. 아무리 깊은 죄업과 짙은 어두움이 마음을 덮고 있을지라도, 부처님의 광명 속으로 들어가면 저절로 맑아지고 깨어나게 된다는 것이 이 진언을 외워 영험을 얻는 원리입니다.

신라의 원효스님께서는 앞에서 잠깐 살펴본 『유심안락도』를 통하여 이 진언의 공덕을 크게 강조하셨습니다.

만일 중생이 이 진언을 두 번이나 세 번 또는 일곱 번을 귀로 듣기만 하여도 죄업이 없어지게 된다. 또 중생이 십악十惡과 오역죄五逆罪와 사중죄四重罪를 지어 죽은 다음 악도惡道에 떨어지더라도 이 진언을 외우면 능히 해탈을 얻을 수 있다. 부처님의 광명이 망인에게 이르러 모든 죄업을 소멸시켜 줄뿐만 아니라 서방극락세계의 연화대로 인도하여 주신다.

나는 불치의 암 등에 걸려 고통 속에서 떠나게 된 이의 유족들에게 임종시에 '나무아미타불'을 외우거나 '광명진언'을 외울 것을 자주 권하고 있습니다. 그리고 유족들로부터 하나같이 떠나는 이가 고통 없이 편안하고 안온한 모습으로 가셨다는 말과 함께 감사의 인사를 들었습니다. 이제 이와 관련하여 제가 체험한 한 가지 영험담을 이야기하겠습니다.

나와 아주 가까운 분이 2003년 10월에 예순도 안 된 나이로 미국에서 유명을 달리하였습니다. 암으로 인해 세상을 하직하였는데, 병원에 갔을 때는 암이 이미 여러 곳으로 전이된 뒤였습니다.

피아노로 일가견을 이루었던 그분은 매우 철학적이었고, 도道에 아주 관심이 많았습니다. 또 죽음에 대해 매우 심각하게 생각하여 해마다 한두 달 씩 세계 유명인사의 무덤이나 유적지를 찾아다니며 참배하였고, 마침내 죽음에 대한 불안을 뛰어넘었습니다.

하지만 막상 죽음의 그림자가 다가오기 시작하자 마음이 편안하지만은 않았습니다. 나는 그분께 '죽는다'는 것과 '죽음과 내생을 준비할 것'을 당부하였고, 그분은 나의 충격적인 말에 밤새 울었습니다.

어느 날, 나는 그분 앞에서 노래를 부르듯이 광명진언을 외운 다음 그 느낌을 물었습니다.

"내 몸이 마치 공중에 떠서 둥실둥실 날아오르는 듯하구나."

나는 그분께 광명진언의 뜻을 잘 풀이해주었습니다. 그리고 죽음이 옷을 갈아입는 것과 같고 서산으로 해가 졌다가 다시 뜨는 것과 같다는 것, 삶을 생명의 기운으로 살듯이 죽음도 생명의 기운으로 잠시 죽는다는 것 등을 이야기하면서, 생명의 진언이요 대광명의 진언인 광명진언을 외울 것을 권했습니다.

몇 주 뒤 그분은 하와이의 한 병원에 입원하여 이 생의 마지막을 준비하게 되었고, 나도 10여일을 옆에서 지키게 되었습니다. 그 분은 며칠 동안 남편 형제 친구 등 가까운 분들과의 사이에 맺혔던 모든 것을 풀었습니다. 그리고 나는 옆에서 광명진언과 함께 '나무아미타불 관세음보살 지장보살마하살'을 노래하듯 불렀습니다.

그런데 7일 정도가 지나자 관觀을 하는 나의 눈에 여러 부처님과 함께 관세음보살님과 지장보살님이 보이는 것이었습니다. 여러 부처님이 환자의 주변에 둘러 서 있는 상태에서, 관세음보살님은 망인이 타고 갈 가마인 연輦 옆에 계셨고, 지장보살님은 한 손에 붉은 깃발을, 한 손으로는 석장을 짚고 매우 강인한 모습으로 서 계셨습니다. 마치 삿된 어떠한 것도 접근을 허락하지 않겠다는 듯한 표정이었습니다.

'아, 때가 되었구나.'

나는 임종이 가까워졌음을 느꼈습니다. 그런데 이상한 것은 부처님과 관세음보살님과 지장보살님의 모습이 전혀 바뀌지 않는 것이었습니다. 하루·이틀·5일이 지나도 그대로였습니다.

'이미 수명이 다한 분인데 생명장치로 억지로 머물게 하는구나.'

마침내 나는 그분께서 하고 있는 산소 호흡기 및 몰핀, 닝겔 주사액 등을 모두 제거하도록 청했습니다.

병원측에서 생명장치를 제거하고 30분이 지났을 때, 그분은 눈을 떠서 주위를 전광석화電光石火처럼 둘러보고는, '훅'하고 숨을 들이키더니 임종하였습니다.

임종! 나는 주위 분들께 울거나 소리 내지 못하게 하고 그 순간부터 광명진언을 외웠습니다. 그야말로 삼매에 빠진 듯 광명진언을 외웠습니다.

순간, 이전까지 보이던 부처님도 관세음보살님도 지장보살님도 모두 사라지고, 그분이 피어난 붉은 연꽃 위에 단정하게 올라 앉아 허공을 둥실둥실 날아오르는 것이었습니다. 마치 가을하늘처럼 맑고 밝은 허공이었습니다. 그 허공을 너무나 평온한 모습으로 두둥실 두둥실 날아올랐던 것입니다.

그런데 갑자기 너무나도 찬란하고 밝은 황금빛 장막이 앞에 나타났고, 그분은 눈부신 그 장막 앞에서 멈칫멈칫 하였습니다. 그때 나는 그분을 향해 속으로 말했습니다.

"이 황금빛은 근본 깨달음의 자리인 본각本覺의 빛입니다. 장막이 있는 듯하나 막이 아닙니다. 두려워하지 말고 뚫고 들어가십시오. 본각의 자리로 되돌아갈 수 있습니다."

그분은 두터운 황금빛 층을 뚫고 들어갈 듯 하다가 물러서고, 들어갈 듯 하다가 물러서기를 여러 차례 하더니, 마침내 황금빛 장막 속으로 쑥 들어가는 것이었습니다. 바로 그때 누군가가 맑은 음성으로 일러주었습니다.

"저기가 극락이다."

순간 그분은 그쪽으로 향하였고, 찰나 사이에 한없이 크고 아름다운 백련白蓮 속에 앉아 계셨습니다. 그것도 섬세하기 그지없는 흰 비단 옷으로 바꾸어 입고서….

'이제 되었구나.'

나는 그분의 극락왕생을 확신하고 소리내어 외우던 광명진언을 멈추었습니다. 그리고 시계를 보니 숨을 거둔지 꼭 30분의 시간이 흐른 뒤였습니다. 30분 만에 그야말로 '옮길 천薦', '바라밀 도度'의 천도薦度가 모두 끝난 것입니다.

나는 너무나 신이한 이 일을 경험한 다음 우룡스님을 찾아가 말씀드렸습니다.

"그분의 수행력과 광명진언의 가피력, 그리고 원장의 원력이 합하여져서 그와 같은 기적이 나타난 것입니다.

참 거룩한 일입니다."

❧

더 이상 사설은 달지 않겠습니다.부처님은 결코 거짓을 모르시니, 믿음을 가지고 '나무아미타불'과 '광명진언'을 염송하시기를 두 손 모아 당부드립니다.

⑥ 망인이 떠난 후 **상례를 치를 때**에도 가족들은 '나무아미타불' 또는 '광명진언'을 염하며 지내야 합니다. 스님의 독경이나 염불에만 의존하지 말고, 마음속으로라도 망인이 아미타불의 자비광명 속에서 극락에 왕생하는 모습을 그리며 지내고자 노력해야 합니다.

그리고 상례를 치를 때 절대로 주의할 점은 생명, 특히 가축 등을 죽이지 말라는 것입니다. 부득이 조문객에게 육류를 대접하는 경우에도 가게에서 사서 써야지, 집 또는 집 주위에서 소·돼지·닭 등의 가축을 잡아서는 안됩니다.

왜냐하면 가축들의 원한에 찬 혼이 망인의 혼에 달라붙어 갈 길을 가로막는 경우가 참으로 많기 때문입니다. 실로 망인만 잘 천도시키는 것도 쉬운 일이 아닌데, 그 가축의 원한에 찬 혼까지 천도시키려면 얼마나 힘이 들겠습니까?

특히 도시와는 달리 시골의 경우에는 상을 당했을 때
가축을 잡는 일이 많습니다. 제발 상을 당했을 때만이라
도 가축을 잡지 않도록 하시기 바랍니다.

⑦ 상례를 치른 후 불자가족들은 **49재**를 지내줍니다.
재를 지내는 49일 동안, 망인이 살아생전의 업에 대한
심판을 받아 새로운 몸을 받게 된다고 하여 7일마다 한
번씩 사찰을 찾아가서 일곱 번의 재를 지내주는 것입니
다.

재를 지낼 때 유족들은 망인의 이름으로 능력껏 기꺼
이 보시를 할 수 있어야 합니다. 삼보전에 공양을 올리
는 재물보시는 물론이요, 불서를 나누어주는 법보시, 불
쌍한 이를 돕는 보시에도 적극 임해야 합니다. 왜냐하면
그 공덕이 그대로 망인과 '나'에게로 돌아가기 때문입니
다. 물론 형편 이상으로 지나쳐서도 안되겠지만, 아끼고
탐하는 마음으로 보시를 망설여서는 안됩니다. 스님과
상의하여 여법如法하게 행하시기 바랍니다.

그리고 이 49재 기간동안, 유족은 집에서 매일 일정한
시간을 정하여 '나무아미타불 '을 3천 번 또는 만 번씩

외우거나, 광명진언을 3백 번 이상 외우며 망인을 천도해 주어야 합니다(이때는 1천 개의 알을 꿰어 만든 천주 또는 108염주를 돌리면서 외우는 것이 좋음).

염불이나 진언을 외울 때는 그냥 입으로만 외우지 말고 마음속으로 망인이 극락회상에서 아미타불의 광명을 받으며 설법을 듣고 있는 모습을 관觀하는 것이 좋습니다.

이렇게 개인적으로 천도의 기도를 하고, 마지막 49일째 되는 날 사찰에서 재를 지내며 탈상을 하면, 떠나가신 님은 극락의 새로운 생을 누릴 수 있고 남아있는 이는 큰 복을 이루게 됩니다. 더욱이 『시방정토경』이나 『지장보살본원경』에서는 망인을 위해 복을 닦으면 그 복의 칠 분의 일은 망인이 얻고 칠 분의 육은 산 사람에게 돌아간다고까지 하였으니….

실로 불가에서는 상식을 넘어선 불가사의한 일이 자주 일어납니다. 불가사의한 부처님의 능력을 믿고 부처님의 가르침을 행하는 종교이기 때문입니다. 그러므로 꼭 믿고 실천해 보십시오. 망인의 은혜를 갚고 새로운 광명의 길을 열어 준다는 자세로 천도의 의식을 행하여 보십시오. 망인뿐만 아니라 '나' 자신에게도 틀림없이 큰 공덕이 미칠 것입니다.

발원하고 회향하라

이제 『미타신앙·미타기도법』의 글을 끝맺음하면서 한가지 사항을 당부드리고자 합니다. 그것은 아미타불·석가모니불·약사여래·관세음보살·지장보살 등 어떠한 불보살을 원불願佛로 모시고 신행생활을 하든, 염불·참선·경전공부·주력 등 그 어떠한 공부를 하든, 아미타경·법화경·금강경·반야심경 등 어떠한 경전을 독송하든, 꼭 발원發願을 하고 회향廻向을 하라는 것입니다.

모든 기도와 공부는 발원을 함으로써 시작되고 회향으로 결실을 맺습니다. 발원이 씨를 심는 것이라면 회향은 꽃을 피우는 것입니다.

발원이 없으면 어떠한 기도도 공부도 나아갈 방향을 잃고 맙니다. 염불 또한 마찬가지입니다.

아미타불을 염한다고 하여 꼭 극락에 왕생하는 것은 아닙니다. 극락왕생을 발원하지 않는 이는 극락왕생이 보장되지 않습니다. 그리고 현생에서의 행복을 발원하며 극락교주 아미타불의 명호를 외우면, 관세음보살을 외워 현실의 고난을 극복하고 행복을 이루는 것과 똑같은 결과를 얻게 됩니다.

어떻게 발원하느냐, 어떠한 씨를 심느냐에 따라 거두어들이는 결과가 다른 것입니다. 바꾸어 말하면 아미타불이 아닌 관세음보살이나 지장보살을 외우며 극락왕생의 발원을 하면 극락에 태어날 수 있게 되고, 법화경·금강경을 외우면서 극락왕생을 발원하면 능히 극락에 태어납니다.

꼭 명심하십시오. 그 어떤 공부를 하더라도 발원에 따라 성취가 달라집니다. 그러므로 현재 한 가지 수행이라도 올바로 하고 있으면 다른 이들이 '좋다'고 권하는 것을 굳이 하려 하거나 지조를 바꾸려 하지 말고, 현재의 공부를 꾸준히 계속하는 것이 좋습니다. 오히려 공부방법을 자꾸 바꾸게 되면 힘이 모이지 않아 좋은 결실을 보기가 힘듭니다.

정녕 원을 잘 세워 그 원을 핵으로 삼고 꾸준히 정진하다 보면 차츰 힘이 모이게 되고, 힘이 모여 삼매三昧를 이루게 되면 능히 그 자체만으로도 신통한 능력을 발휘할 수 있게 되고 다른 모든 것을 응용할 수 있게 되며 깨달음을 이룰 수 있게 됩니다.

부디 원을 잘 세우고 지조있게 공부하십시오. 그 결과는 저절로 이루어지는 자연성自然成입니다.

그런데 불교에서 무심無心을 강조해서인지, 염불을 하는 이들 중에는 흔히 말하는 무심염불無心念佛을 '아무런 생각 없이 행하는 염불'로 풀이하는 이들이 종종 있습니다. 그러나 이때의 '무심'은 번뇌가 없다는 뜻이지, 발원도 부처님에 대한 생각도 없다는 뜻이 아닙니다. 이를 잘 명심하고 염불을 하거나 참선·경전공부·주력 등을 할 때 꼭 발원을 하십시오.

이 발원은 곧 회향합니다. 회향廻向은 공덕을 돌려서 어느 곳으로 향하도록 한다는 것입니다. 어느 곳으로 향하게 하는가? 물론 나의 행복과 성불, 중생의 행복과 성불을 위해 공덕을 돌리는 것입니다. 부처님은 이 회향을 지극히 중요한 것으로 보셨습니다. 그래서 불교의 모든 의식 뒤에는 다음과 같은 회향축원문을 곁들입니다.

원이차공덕　願以此功德

보급어일체　普及於一切

아등여중생　我等與衆生

당생극락국　當生極樂國

동견무량수　同見無量壽

개공성불도　皆共成佛道

원하오니 이 공덕이 어디에나 두루 미쳐

우리 모든 중생들이 극락세계 태어나고

무량수불 친견하여 함께 성불하여지이다

'나'만의 행복과 성불이 아니라 모든 중생의 행복과 성불을 바라는 한 마디의 회향축원이 우리가 머물러 있는 자리를 극락으로 바꾸고 우리를 무한한 생명력과 빛의 몸으로 바꾸어 준다는 것을 명심하시고, 게으름 없이 잘 정진하시기를 당부드립니다.

나무아미타불南無阿彌陀佛

나무아미타불南無阿彌陀佛

나무아미타불南無阿彌陀佛

기도 및 영가천도의 지침서

광명진언 기도법 / 일타스님 · 김현준   신국판 176쪽 5,000원

광명진언 기도를 널리 펴고자 일타스님과 김현준 원장이 함께 저술한 책. 광명진언 속에 새겨진 참의미와 바른 기도법, 빠른 기도성취법 등을 자상하게 설하고, 유형별 기도성취 영험담을 다양하게 수록하였으며, 누구나 보기 쉽도록 큰활자로 발간하였습니다. 광명진언을 외우면 행복과 평화, 영가천도, 소원성취를 이룰 수 있습니다.

생활 속의 기도법 / 일타스님   신국판 160쪽 5,000원

불교계 최대의 베스트셀러! 일상생활에서 누구나 처할 수 있는 여러 가지 상황에 따른 구체적인 기도방법에서부터 특별기도성취법 · 영가천도기도법 · 기도할 때 지녀야 할 마음가짐까지, 자상한 문체로 예화를 섞어 쉽고 재미있게 엮었습니다.

기도 / 일타스님   신국판 240쪽 7,000원

총 6장 52편의 다양한 기도 영험담으로 엮어진 이 책을 읽다보면 기도를 통해 틀림없이 부처님의 가피를 입을 수 있음을 확신할 수 있게 되고, 올바른 기도법과 함께 기도성취의 지름길을 알 수 있게 됩니다.

기도성취 백팔문답 / 김현준   신국판 240쪽 7,000원

기도에 대한 정의 · 기도와 믿음 · 업장소멸의 방법 · 꾸준한 기도의 효험 · 원을 세우는 법 · 축원법 · 각종 기도가피와 기도성취의 시기 · 성취를 위한 하심법下心法 등 기도에 관한 궁금증들을 문답형식으로 자상하게 풀이하였습니다.

참회와 사랑의 기도법 / 김현준   신국판 192쪽 6,000원

총 84가지 문답을 통하여 참회의 정의에서부터 참회기도를 해야하는 까닭, 절을 통한 참회법 · 염불참회법 · 주력참회법 · 가족을 향한 참회, 기도 축원의 구체적인 내용 및 자비의 기도가 갖는 효과, '백중과 영가천도'등에 대해 아주 상세하게 설명하고 있습니다.

불교의 자녀사랑 기도법 / 김현준   신국판 160쪽 5,000원

자녀들을 정말 잘 사랑할 수 있는 방법을 부처님의 가르침에 의지하여 쓴 책입니다. 자녀 교육 방법, 자녀를 위한 기도법과 함께 부모님께 효도해야 하는 까닭도 수록하였습니다.

참회 · 참회기도법 / 김현준   신국판 160쪽 5,000원

참회의 참된 의미, 절 · 염불을 통한 참회법, 참회인의 마음가짐, 이참법 등을 영험담들과 함께 감동 깊게 엮은 책으로, 참회를 통해 행복하고 자유로운 삶을 사는 방법을 열어주고 있습니다.

신묘장구대다라니 기도법 / 우룡스님·김현준   신국판 208쪽 6,000원

신묘장구대다라니를 외우면 생겨나는 가피와 공덕, 기도의 방법과 주의할 점, 우룡스님이 들려주는 14편의 영험담, 대다라니의 근본경전인『무애대비심다라니경』을 수록하고 있는 이 책을 읽고 자신있게 기도하면 심중 소원의 성취와 기적같은 체험도 할 수 있습니다.

기도 이야기 (신간) / 우룡스님   신국판 204쪽 6,000원

"스님, 기도로 소원을 성취할 수 있습니까?" 총 6장 45편의, 참으로 재미있는 기도성취 영험담이 수록된 이 책을 읽고 기도를 하면, 불보살님과 통하는 감응의 길이 열리면서 심중소원을 빨리 성취하게 됩니다. 또한 이야기 끝에 붙인 큰스님의 해설은 기도의 방법을 쉽게 터득할 수 있도록 이끌어줍니다.

영가천도 / 우룡스님   신국판 160쪽 5,000원

영가의 장애를 느끼십니까? 돌아가신 영가를 영가를 제대로 천도해 드리지 못했습니까? 영가천도의 필요성과 기본자세, 염불·독경·사경을 통한 영가천도, 49재, 낙태아 천도 등 영가천도에 관한 궁금증 및 천도의 방법을 우룡스님의 자세한 법문으로 풀어드립니다.

관음신앙·관음기도법 / 김현준   신국판 240쪽 7,000원

관음신앙의 뿌리에서부터 관세음보살의 구원능력, 주요경전속의 관음관, 11면관음·천수관음·32응신·33관음 등 자비관음의 여러가지 모습, 일심칭명 일념염불의 관음기도법, 독경사경 기도법, 다라니 염송 기도법 등을 자세하고도 알기 쉽게 풀이하였습니다.

미타신앙·미타기도법 / 김현준   신국판 160쪽 5,000원

아미타불의 참 모습에서부터 극락에서 누리는 행복, 칭명염불·오회염불·관상염불·천도염불 등의 각종 염불수행법과 함께 임종하는 이를 위한 의식과 49재 기간의 행법 등을 자세히 밝히고 있습니다. 불교신앙의 결정판으로, 꼭 1독해야 할 책입니다.

지장신앙·지장기도법 / 김현준   신국판 192쪽 6,000원

지장신앙 속에는 영가천도뿐만이 아니라 현세에서의 행복과 깨달음, 성불의 비결까지 간직되어 있습니다. 이에 준하여 대원본존 지장보살의 중생을 구제, 영가천도기도법, 자녀를 위한 기도, 평온한 삶을 위한 기도, 소원 성취와 고난 극복을 위한 기도 등을 자세히 설명하고 있습니다.

법보시를 원하시는 분은 출판사로 연락 주십시오. 할인혜택을 드립니다.

전화 02-587-6612, 582-6612 팩스 02-586-9078

기도 독송용 경전

✿

한글『법화경』과『법화경 한글사경』

불교 최고 경전인 법화경! 이 경을 독송하고 사경해 보십시오.
소원성취는 물론 깨달음과 경제적인 풍요까지 안겨줍니다.

 법화경을 독송하고 사경하면 부처님과 대우주법계의 한량 없는 가피가 저절로 찾아들어 업장소멸은 물론이요 갖가 지 소원을 두루 성취할 수 있습니다. 특히 밝은 지혜를 얻 고 크게 향상하게 되며 경제적인 풍요와 사업의 번창·입시 등 각종 시험의 합격 및 승진이 쉬워지고 가족 모두가 평 온하고 복된 삶을 누리며, 병환·재난·가난 등 현실의 괴 로움이 소멸되고 부모 친척 등의 영가가 잘 천도되며 구하는 바가 뜻과 같이 이루어집니다.

법화경 (독송용) 전3책 `개정신판`	김현준 역 4×6배판 3책 총20,000원
	제1책,제2책 176쪽 6,500원 제3책 192쪽 7,000원
법화경 한글사경 전5책	김현준 역 4×6배판 5책 총 20,000원
	각권 120쪽 내외 권당 4,000원

자비도량참법 / 김현준 역
양장본 528쪽 18,000원

불교 최고의 참회법인 자비도량참법!
참되이 참회하시기를 원하십니까? 자비도량참법 기도를 하면 나의 허물과 죄 업의 참회에서 시작하여 부모 스승 친척 등 육도 속을 윤회하는 온 법계 중생 의 업장과 무명까지 모두 소멸시켜줍니다. 이 참법을 행하다 보면 저절로 참 회의 마음이 깊어지고 자비가 충만해지고 환희심이 넘쳐나게 됩니다.

큰활자본 지장경	김현준 편역 4×6배판 208쪽 7,000원
지장보살본원경	김현준 편역 신국판 208쪽 6,000원

 이 책은 지장기도를 하는 분들을 위해
① 지장경을 처음부터 끝까지 1번 독송, ② '나무지장보살'을 천번염송,
③ 지장보살예찬문을 외우며 158배,   ④ '지장보살'천번 염송의
4부로 나누어 특별히 만들었습니다.
지장경 독경 및 지장보살예참과 염불을 할 때, 각 장 앞에 제시된 기도법에 따라 기도를 하게 되면, 지장보살의 가피 속에서 틀림없이 영가천도·업장소 멸·소원성취·향상된 삶을 이룩할 수 있게 됩니다.
이 두 책의 내용은 같으며, 활자 및 책크기만 다릅니다.

● 아름다운 우리말 경전 시리즈 ●

〈가지고 다니면서 틈틈이 읽게 되면 독송과 기도에 큰 도움이 됩니다〉

보현행원품 (신간) / 김현준 편역　　　　　　국반판 100쪽 2,000원
화엄경의 공덕이 집약된 보현행원품을 가지고 다니면서 독송할 수 있게 만든 책. 보현보살의 십대원과 함께 자리이타의 삶과 업장 참회, 현실 속의 소원들을 능히 이룰 수 있고, 지혜·복덕·자비·방편·위신력을 갖추고 세세생생 불법과 함께 하면서 보살도를 성취할 수 있습니다.

금강경 / 우룡스님 역　　　　　　　　　　국반판 100쪽 2,000원
'금강경을 우리말로 보급하겠다'는 원력에 의해 제작된 책.

약사경 / 김현준 편역　　　　　　　　　　국반판 100쪽 2,000원
한글 번역과 함께 약사기도법과 약사염불법에 대해 자세히 설한 있는 책.

관음경 / 우룡스님 역　　　　　　　　　　국반판 100쪽 2,000원
관음경의 번역과 함께 관음기도와 염불법에 대해 자세히 설한 책.

지장경 / 김현준 편역　　　　　　　　　　국반판 196쪽 3,500원
편안한 번역으로 쉽게 이해할 수 있도록 하였으며, 기도법도 자세히 수록한 책.

부모은중경 / 김현준 역　　　　　　　　　국반판 100쪽 2,000원
부모님의 은혜를 느끼며 기도를 할 수 있게 엮은 책.

초발심자경문 / 일타스님 역　　　　　　　국반판 100쪽 2,000원
신심을 굳건히 하고 수행에 대한 마음을 불러일으키게끔 하는 책.

법요집 / 불교신행연구원 편　　　　　　　국반판 100쪽 2,000원
법회와 수행 시에 필요한 각종 의식문, 좋은 몇 편의 글들을 수록한 책.

선가귀감 / 서산대사 저·용담스님 역　　　국반판 160쪽 3,000원
선수행 뿐 아니라 참회 염불 육바라밀 등 불교의 요긴한 가르침을 담은 책.

● 많이 찾는 기도 독송용 경전 ●

한글 보현행원품 / 김현준 편역　　　4×6배판 112쪽 4,000원
아주 큰 활자로 만든 한글 번역본으로, 대중이 함께 독송할 때나 집에서 혼자 독송할 때 매우 좋습니다. 또한 예불대참회문을 함께 실어 독경 후 행원품에 근거한 전통적인 108배를 행할 수 있도록 만들었으며, 독송 방법과 대참회의 의미 등도 상세히 설명하였습니다.

한글 금강경 / 우룡스님 역　　　　　4×6배판 112쪽 4,000원
책 크기만큼 글씨도 크게 하고 한자 원문도 수록하였으며, 독송에 관한 법문도 첨부하였습니다. 사찰 및 가정에서의 독송용으로 매우 좋습니다.

한글 약사경 / 김현준 편역　　　　　4×6배판 100쪽 3,500원
아주 큰 활자로 약사경 한글 번역본을 만들었습니다. 약사경 독경 방법 및 약사염불법도 함께 실어 기도에 도움이 되도록 하였습니다.

한글 관음경 / 우룡스님 역　　　　　4×6배판 96쪽 3,500원
커다란 글씨의 관음경 해설과 함께 관음경의 원문과 독송법, 관음 염불 방법 등을 수록하여 관음경의 가르침을 쉽게 이해하도록 하였습니다.

알기 쉬운 경전 해설서

예불문, 그 속에 깃든 의미 (신간) / 김현준 지음   256쪽 7,000원

아침저녁으로 외우는 오분향 예불문 속에는 우리나라 불교신앙의 진수가 담뿍 담겨 있습니다. 그리고 의미를 알고 예불을 올리면 삼보의 가피를 쉽게 입을 수 있습니다. 많은 불자들이 궁금해 하였던 오분향의 의미와 지심귀명례하는 방법, 불법승 삼보의 내용과 문수·보현·관음·지장보살, 십대제자·16나한·5백나한·천이백아라한·역대조사, 그리고 사부대중의 화합 등을 이 책 속에 모두 담았습니다.

생활 속의 금강경 / 우룡스님   신국판 304쪽 8,000원

금강경의 심오한 내용을 알기 쉽게 풀이하고 일상생활과 접목시켜 강설함으로써 삶의 현장에서 금강경의 가르침을 능히 응용할 수 있도록 하였고, 감동을 주는 일화들을 많이 삽입하여 재미를 더해주고 있습니다.

생활 속의 관음경 / 우룡스님   신국판 240쪽 7,000원

관세음보살보문품인 관음경을 통하여 관세음보살의 본질, 일심칭명과 재난 소멸법, 공경예배와 소원 성취법, 관세음보살을 관하는 법 등에 대해 여러 가지 영험담과 함께 감동적으로 풀이하고 있습니다.

생활 속의 천수경 / 김현준   신국판 280쪽 8,000원

천수관음이 출현하신 까닭, 천수관음을 청하는 법과 가피를 얻는 법, 신묘장구대다라니의 풀이와 공덕, 찬탄의 공덕과 참회성취의 비결, 준제기도 및 주요 진언 속에 깃든 의미, 여래십대발원문 사홍서원 삼귀의 의미 등을 상세히 풀이하였습니다.

생활 속의 반야심경 / 김현준   신국판 272쪽 8,000원

반야심경의 구절구절들을 우리의 생활과 결부시켜 참으로 쉽고 명쾌하게 해석하였습니다. 공空의 의미, 모든 괴로움의 원인과 해탈법, 색즉시공 공즉시색의 참 뜻, 걸림 없고 진실불허한 삶을 이루는 방법 등을 감동적으로 풀이하였습니다.

···

보현행원품 한글사경 (1책으로 3번 사경)   120쪽 4,000원

행원품을 사경하면 자리이타의 삶과 업장 참회, 신통·지혜·복덕·자비 등을 빨리 이룰 수 있고 세세생생 불법과 함께 하며 보살도를 성취할 수 있습니다.

보왕삼매론 사경 (1책으로 50번 사경)   120쪽 4,000원

보왕삼매론을 사경하면 재앙이 소멸됨은 물론이요 생활 속의 걸림돌이 디딤돌로 바뀌고 고난이 사라져 하루하루가 편안해집니다.

관세음보살 명호사경 (1책으로 1만8백번 사경)
지장보살 명호사경 (1책으로 1만번 사경)   각 권 208쪽 7,000원

'관세음보살'이나 '지장보살'의 명호를 쓰면서 입으로 외우고 마음에 새기면, 관세음보살님과 지장보살님의 가피를 입어 몸과 마음이 큰 변화를 이루고, 마음속의 원을 능히 성취할 수 있습니다.

영험 크고 성취 빠른 각종 사경집 (책 크기 4×6배판)

광명진언 사경 (가로쓰기:1080번 사경)   128쪽 4,000원
광명진언 사경 (세로쓰기:1080번 사경)   128쪽 4,000원
눈으로 보고 입으로 외우고 손으로 쓰고 마음으로 새기는 광명진언 사경은 크나큰 성취를 안겨줍니다.

금강경 한글사경 (1책으로 3번 사경)   144쪽 5,000원
금강경 한문사경 (1책으로 3번 사경)   144쪽 5,000원
금강경 한문한글사경 (1책으로 1번 사경)   100쪽 3,500원
요긴하고 으뜸된 경전인 금강경을 사경해 보십시오. 업장소멸과 함께 크나큰 깨달음과 좋은 일들이 저절로 다가옵니다.

아미타경 한글사경 (1책으로 7번 사경)   116쪽 4,000원
살아 생전 또는 부모나 가까운 분이 돌아가셨을 때 이 경을 쓰면 극락왕생이 참으로 가까워집니다.

반야심경 한글사경 (1책으로 50번 사경)   116쪽 4,000원
반야심경 한문사경 (1책으로 50번 사경)   116쪽 4,000원
반야심경을 사경하면 호법신장이 '나'를 지켜주고, 공의 도리를 깨달아 평화롭고 안정된 삶이 함께 합니다.

신묘장구대다라니 사경 (50번 사경)   116쪽 4,000원
대다라니를 사경하면 관세음보살님과 호법신장들이 '나'와 주위를 지켜주고 소원성취와 동시에, 행복하고 자비심 가득한 마음을 가질 수 있도록 해줍니다.

천수경 한글사경 (1책으로 7번 사경)   112쪽 4,000원
천수경을 사경하고 독송하면 천수관음의 가피가 저절로 찾아들어, 업장 및 고난의 소멸과 갖가지 소원을 쉽게 성취할 수 있습니다.

관음경 한글사경 (1책으로 5번 사경)   112쪽 4,000원
관음경을 사경하면 늘 행복이 함께 하며, 학업성취 · 건강쾌유 · 자녀의 성공 · 경제문제 등에도 영험이 매우 큽니다.

지장경 한글사경 (1책으로 1번 사경)   144쪽 5,000원
지장경을 사경하고 독송하면 영가천도는 물론이요, 각종 장애가 저절로 사라지고 심중의 소원이 성취됩니다.

약사경 한글사경 (1책으로 3번 사경)   112쪽 4,000원
약사경을 사경하면 약사여래의 가피가 저절로 찾아들어, 병환의 쾌차, 집안 평안, 업장소멸을 비롯한 갖가지 소원을 쉽게 성취할 수 있습니다.

삶의 향기를 더해주는 큰스님의 법문집

불자의 기본 예절 / 일타스님   신국판 160쪽 5,000원
불교 예절의 근본이 되는 마음가짐과 말씨, 걸음걸이와 앉음새, 합장법, 절하는 법, 법당에서의 예절, 법문 듣는 법, 목욕·입측법 등 절집안의 생활 예절을 보다 쉽게 접할 수 있도록 많은 이야기를 곁들여 재미있게 엮었습니다.

오계이야기 / 일타스님   신국판 160쪽 5,000원
살생·투도·사음·망어의 근본 4계에 불음주계를 합한 5계에 대한 법문집. 재미있는 일화를 들어 각 계율의 연원과 지키는 방법, 계율을 범했을 때의 과보 등을 자세히 설했습니다. 복된 불자의 길로 나아가게 하는 불자의 필독서입니다.

선수행의 길잡이 / 일타스님 법어·김현준 엮음   신국판 224쪽 7,000원
일타스님의 유고작으로 '참선이란', '좌선법', '참선을 잘 하는 법', '참선 장애의 극복' 등 참선하는 이들이 꼭 알고 닦아야 할 사항들을 이해하기 쉽게 설한 책입니다.

내 갈 길을 가는 불자 / 보성스님   신국판 224쪽 7,000원
믿음·하심·정진의 방법, 사경법·관음기도법·신중기도법, 참 불자가 되는 법, 지혜롭고 자비롭게 사는 방법 등을 명쾌하게 설한 책.

마음밭을 가꾸는 불자 / 보성스님   신국판 272쪽 8,000원
주인 노릇하며 사는 법, 기도성취의 기본원리, 참회법, 천도재, 백중기도법, 생활 속의 불교수행법, 등에 대해 심도있게 조명한 책.

불자의 행복 찾기 / 우룡스님   신국판 190쪽 6,000원
우룡스님 설법의 결정판. ① 복 받기를 원하거든 ② 보시로 이루는 큰 복 ③ 아상과 무주상 ④ 행복과 기도의 총 4장으로 나누어져 있는 이 책을 읽다 보면 복 짓고 복 쌓고 복 받는 방법과 원리를 저절로 터득할 수 있게 됩니다.

신심으로 여는 행복 / 우룡스님   신국판 192쪽 6,500원
믿음과 기도, 신심을 키우는 방법, 신심 속에서 나타나는 가피와 성취, 윤회에 대한 믿음, 불성의 발현과 믿음, 가정과 나를 살리는 실천법 등이 수록되어 있습니다.

불자의 살림살이 / 우룡스님   신국판 160쪽 5,000원
참된 불자의 살림살이가 무엇인지, 특히 가족을 향한 참회와 복 짓는 방법, 평온을 얻고 지혜를 이루는 방법을 쉽고도 일목요연하게 설한 법문집입니다.

불교의 수행법과 나의 체험 / 우룡스님   신국판 160쪽 5,000원
염불 및 주력수행법, 기도를 잘하는 법, 경전공부의 방법, 참선 수행법, 수행과 업장소멸, 수행정진의 비결 등을 스님의 체험을 예로 들면서 재미있게 엮었습니다.

일타스님의 스테디셀러

초심-시작하는 마음
신국판 272쪽 8,000원

보조국사의『계초심학인문』을 알기 쉽게 풀이한 책. 불교를 믿는 초심자들이 가장 먼저 읽었던 계초심학인문을 풀이한 이 책을 읽게 되면 진리를 향한 첫걸음을 쉽게 옮길 수 있습니다.

발심수행장-영원으로 향하는 마음
신국판 240쪽 7,000원

원효대사의 발심수행장을 풀이한 이 책을 읽다 보면 지금 여기에서 영원과 행복의 문을 여는 비결, 나와 남을 함께 살리는 길, 깊은 신심을 이루고 참된 발심을 하는 방법을 터득할 수 있습니다.

자경문-자기를 돌아보는 마음
신국판 280쪽 8,000원

야운스님의 자경문을 풀이한 책으로, 인간이 윤회하는 까닭, 참된 나를 찾는 묘법, 해탈을 이루는 비결, 공부할 때의 마음가짐과 하심법, 자비평등심, 깨침의 원리 등을 상세히 밝혀 놓았습니다.

범망경 보살계
신국판 508쪽 15,000원

일타스님 일평생의 역작. 십중대계와 48경계를 명쾌하고 간절하게 풀이한 이 책을 읽다 보면 어둔 밤에 밝은 등불을 만난 것과 같은 환희심과 함께 참된 불자의 길을 알 수 있게 됩니다.

윤회와 인과응보 이야기
신국판 240쪽 7,000원

"죽음 뒤의 세상, 인간은 과연 윤회하는 존재인가?" 내가 지은 업은 어떻게 전개될 것인가? 이러한 의문의 해답을 일러주고자 총 49가지 이야기로 엮은 이 책을 읽다 보면 윤회와 인과응보에 대한 해답을 명확하게 얻을 수 있게 됩니다.

불자의 마음가짐과 수행법
신국판 192쪽 6,000원

불자들이 큰 행복과 대자유를 얻기 위해서는 어떠한 마음가짐으로 살아야 하며, 참선·염불·간경·주력의 불교 4대 수행법을 어떻게 닦아야 하는가를 갖가지 비유를 들어 상세히 설하고 있습니다.

부드러운 말 한마디 미묘한 향이로다
신국판 240쪽 7,000원

일타스님 대표 법문집. 삶의 이유, 복된 삶 이루기, 보시와 지계, 도 닦는 법, 지혜 성취 법 등의 맑고 주옥같은 법문으로 행복의 세계로 향하는 문을 열어주고 있습니다.

불자들이 꼭 알아야 할 불교근본교리

불교란 무엇인가 / 우룡스님　　　　　　국판 160쪽 5,000원
'불교는 해탈의 종교·해탈을 얻는 원리·무엇이 부처인가·소승과 대승불교' 등 불자들이 마음에 새기고 실천해야 할 불교의 핵심되는 가르침을 많은 예화를 곁들여 설한 책입니다.

사성제와 팔정도 / 김현준　　　　　　　국판 240쪽 7,000원
부처님께서 중생들로 하여금 가장 빨리 깨달음과 행복의 길로 나아가도록 하기 위해 창안하신 사성제와 팔정도. 이 불교의 핵심교리에 대해 많은 이야기를 섞어 알기 쉽고 분명하게 풀이하였습니다.

삼법인·중도 / 김현준　　　　　　　　　국판 160쪽 5,000원
우리의 삶이 제행무상이요 제법무아임을 확실히 체득하게 되면 능히 열반적정을 이루게 된다는 것을 밝힌 삼법인과, 중도란 무엇이며 중도 속의 수행과 삶 등에 대해 명확하게 해설하고 있습니다.

인연법 / 김현준　　　　　　　　　　　국판 224쪽 7,000원
가장 많이 쓰는 단어인 인연! 이 인연을 삶·괴로움·진리·마음씨·희망·행복·기도성취 등과 연결시켜 살펴봄으로써 우리의 삶을 한없이 윤택하게 만들어 주고 있습니다. (12연기법도 쉽게 풀이함)

육바라밀 / 김현준　　　　　　　　　　국판 192쪽 6,000원
보시·지계·인욕·정진·선정·반야의 육바라밀에 대해, 그 원리에서부터 구체적인 실천방법까지를 재밌게 서술함으로써, 깨달음 깊은 삶과 복되고 청정한 삶의 길로 나아갈 수 있게 하였습니다.

자비 실천의 길 사섭법 / 김현준　　　　국판 192쪽 6,000원
참된 평화와 행복을 안겨주는 사섭법인 보시·애어·이행·동사섭이 필요한 까닭에서부터, 어떻게 하여야 사섭법을 잘 실천하고 응용하고 성취할 수 있는지를 자세히 풀이하고 있습니다.

참 생명을 찾는 경봉스님 가르침 / 김현준 엮음　　192쪽 6,000원
경봉스님의 참 생명을 찾는 공부 방법과 도와 인생의 실체, 이 사바세계를 무대로 삼아 멋있게 사는 법 등을 다양한 이야기와 함께 재미있게 설하였습니다.

도와 함께하는 행복과 성공 / 김현준　　신국판 160쪽 5,000원
경봉스님 법어집. 행복은 어디에 있고 어디에 깃들며, 어떻게 할 때 성공하는가? 복 짓는 법과 성공에 있어 가장 필요한 것이 무엇인지를 잘 깨우쳐주고 있습니다.

행복을 여는 부처님의 가르침 / 혜인스님　　신국판 160쪽 5,000원
부모님의 은혜, 인과법과 마음씨, 신심·구업口業·보시·인욕 등 행복한 삶을 사는 데 있어 꼭 필요한 내용들을 명쾌하게 설한 책.

읽을수록 신심을 북돋우는 책

육조단경 / 김현준 역　　　　　　　　신국판　240쪽　7,000원
육조 혜능대사께서 설한 선종의 근본 경전으로 인간의 참된 본성을 보게 하여 마음을 치유하고 깊은 깨달음을 열어주는 불자의 필독서입니다.

선가구감 / 서산대사 저·용담스님 역주　　　신국판　240쪽　7,000원
선수행 뿐 아니라 참회·염불·육바라밀 등 불교의 요긴한 가르침을 일목요연하게 정리하여 불자들의 신심과 정진에 큰 도움을 주는 소중한 책입니다.

법공양문 / 일타스님　　　　　　　　신국판　288쪽　8,000원
부처님과 역대 스님들의 감명 깊고 배움 깊은 총 45편의 법문을 엄선하여, 명확하게 번역한 책. 늘 옆에 두고 읽으면 좋습니다.

석가 우리들의 부처님 / 김현준　　　　신국판　240쪽　7,000원
부처님의 탄생에서부터 출가·수행·성도, 중생교화의 삶과 법문들을 구구절절 가슴에 닿도록 쓴 이 책을 읽다 보면 참 불자의 길과 삶은 저절로 나의 것이 됩니다.

바보가 되거라 (경봉큰스님 일대기) / 김현준　　신국판　220쪽　6,000원
이 책을 펼쳐들면 지혜의 눈과 깊은 자비심으로 중생의 자유로운 삶을 일깨웠던 이 시대 최고의 도인 경봉스님을 만날 수 있게 됩니다.

아! 일타큰스님 / 김현준　　　　　　신국판　240쪽　7,000원
선과 교와 율을 두루 통달하셨던 일타스님의 일대기를 읽다 보면 기도·참선·경전공부 방법을 체득하게 되고, 자비보살 일타스님과 함께함을 느낄 수 있습니다.

기상천외의 스님들 / 서경수 글·김현준 엮음　　신국판　224쪽　7,000원
원효대사, 도선국사, 나옹선사, 신돈辛旽, 활해선사, 허주스님, 영산스님, 환옹선사, 경허선사, 수월선사, 혜월선사 등 11분 스님들의 사상과 진면목을 발견하고 생생한 발자취를 좇는 책입니다.

붓다께서 가리킨 길 / 서경수 글·김현준 엮음　　신국판　184쪽　6,000원
부처님의 참된 가르침과 보살의 삶이 무엇인지를 일깨워주는 책. 어찌 살고 있는가에 대한 의문, 나를 올바로 사랑하는 법, 집착 없는 본래 자리에 대한 탐구 등을 통하여 현재의 삶을 돌아보고, 자기를 찾아가는 과정을 잘 설명하고 있습니다.

사찰 그 속에 깃든 의미 / 김현준　　　신국판　320쪽　9,000원
사찰 초입의 일주문·천왕문·불이문, 사물四物·석등·탑, 대웅전·극락전을 비롯한 각 법당 등에 담겨진 의미와 구조·변천 등에 대해 새로운 시각을 열어줍니다.